西湖历 2025

《西湖历》编委会 编

WEST LAKE

浙江摄影出版社
全国百佳图书出版单位

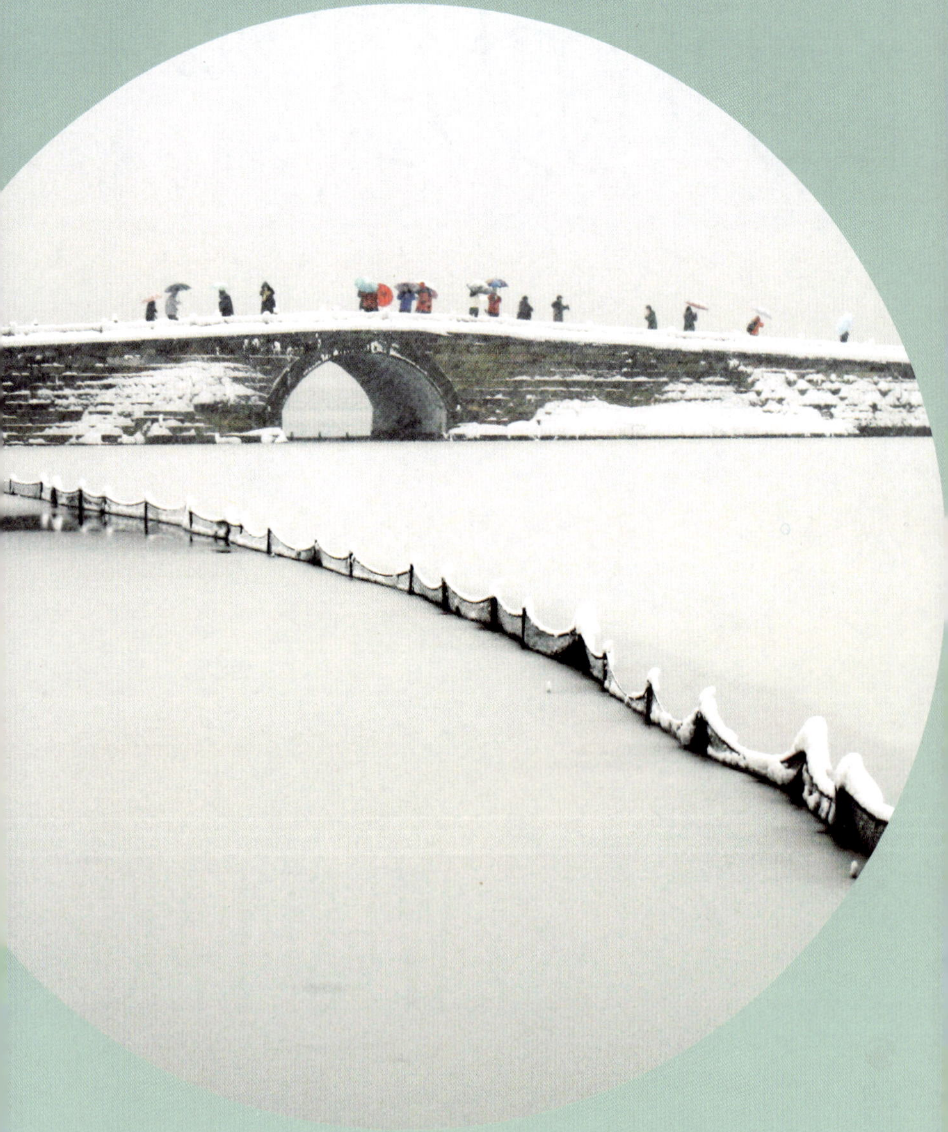

断桥残雪

断桥位于西湖白堤东端,处于外西湖和北里西湖的分水点上,视野开阔,是饱览西湖南北水域景观的上佳地点,更是冬天观赏西湖雪景的绝佳处所。每当雪后初晴,桥的阳面已冰消雪化,露出桥面一痕;而桥的阴面却还是白雪皑皑,景韵幽深。

前人有云:"西湖之胜,晴湖不如雨湖,雨湖不如月湖,月湖不如雪湖。"地处江南的杭州,每年雪期短促,大雪天更是罕见。一旦银装素裹,便会营造出与常时、常景迥然不同的雪湖盛况。雪湖处处是画,时时是诗,而"断桥残雪"尤为意境深远,引人遐思。

January

周一	周二	周三	周四	周五	周六	周日
		1	2	3	4	5
6	7	8	9	10	11	12
13	14	15	16	17	18	19
20	21	22	23	24	25	26
27	28	29	30	31		

甲辰年
腊月初二

01
January

元旦

1月1日
星 期 三

中天竺雪景

甲辰年
腊月初三

02
January

1月2日
星期四

2025

幽潭雪痕

甲辰年
腊月初四

03
January

1月3日
星期五

2025

曲院三分雪，泊得一舟白

甲辰年
腊月初五

04
January

1月4日
星期六

2025

小寒

Minor Cold

甲辰年
腊月初六

05
January

1月5日
星期日

冬天的脚步

甲辰年
腊月初七

06
January

1月6日
星期一

2025

湖滨的白鸽

甲辰年
腊月初八

07
January

1月7日
星 期 二

腊八节

2025

杨公堤雪景

甲辰年
腊月初九

08
January

1月8日
星期三

2025

浴鹄湾雪舫

甲辰年
腊月初十

09
January

1月9日
星期四

水墨雷峰

甲辰年
腊月十一

10
January

1月10日
星 期 五

银装素裹三台阁

甲辰年
腊月十二

11
January

1月11日
星　期　六

孤禽落日

甲辰年
腊月十三

12
January

1月12日
星期日

三台云水处，轻雾初起

甲辰年
腊月十四

13
January

1月13日
星　期　一

孤山公园着银装

甲辰年
腊月十五

14
January

1月14日
星期二

雪中双亭争辉

甲辰年
腊月十六

15
January

1月15日
星期三

2025

晨雾中的西湖有种静谧的美

甲辰年
腊月十七

16
January

1月16日
星 期 四

雷峰塔雪意

甲辰年
腊月十八

17
January

1月17日
星期五

2025

凌波微步

甲辰年
腊月十九

18
January

1月18日
星期六

2025

孤山鲁迅像

甲辰年
腊月二十

19
January

1月19日
星期日

大寒

Major Cold

甲辰年
腊月廿一

20
January

1月20日
星期一

雪落南高峰

甲辰年
腊月廿二

21
January

1月21日
星 期 二

2025

武状元坊春容微露

| 甲辰年 | **22** | 1月22日 |
| 腊月廿三 | January | 星期三 |

2025

孤山日落

甲辰年
腊月廿四

23
January

1月23日
星期四

六公园雪景

甲辰年
腊月廿五

24
January

1月24日
星 期 五

冬日曲院风荷

甲辰年
腊月廿六

25
January

1月25日
星期六

2025

白堤横卧

甲辰年
腊月廿七

26
January

1月26日
星期日

瘦影亭亭不自容

甲辰年
腊月廿八

27
January

1月27日
星期一

冉冉烟波里

甲辰年
腊月廿九

28
January

1月28日
星期 二

除夕

2025

花港观鱼公园里的嬉戏

| 乙巳年 | **29** January | 1月29日 |
| 正月初一 | | 星期三 |

春节

郭庄看雪

乙巳年
正月初二

30
January

1月30日
星期四

2025

浴鹄湾俯瞰

乙巳年
正月初三

31
January

1月31日
星　期　五

2025

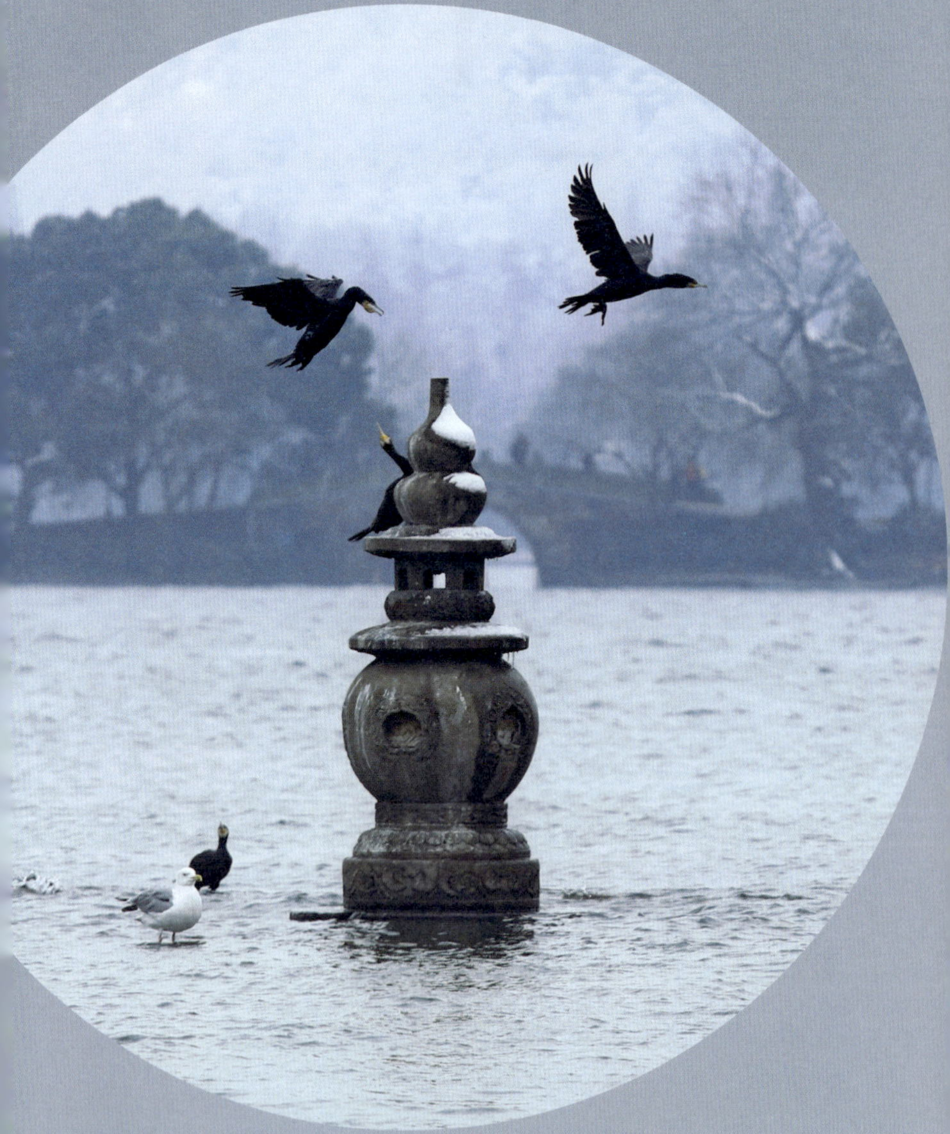

2 三潭印月

三潭印月面积6万平方米。四周是环形堤埂,形成"湖中有岛,岛中有湖"的格局。岛上建筑精致,园林幽雅,花木扶疏,文脉蕴藉,有"小瀛洲"之称。每当中秋时节,空中月、水中月、塔中月与赏月人心中各有寄托的"明月"上下辉映,令游人神思遄飞。

如果说平湖秋月的精华是水中观月,那么,"透风漏月"则是三潭印月的神韵所在。三座石塔,亭亭玉立在碧波荡漾的湖面上。这时,塔影、月影、云影融成一片,而灯光、月光、湖光交相辉映,一派绮丽景色。

February

周一	周二	周三	周四	周五	周六	周日
					1	2
3	4	5	6	7	8	9
10	11	12	13	14	15	16
17	18	19	20	21	22	23
24	25	26	27	28		

乙巳年
正月初四

01
February

2月1日
星期六

雪落西泠桥

乙巳年
正月初五

02
February

2月2日
星期日

2025

立春

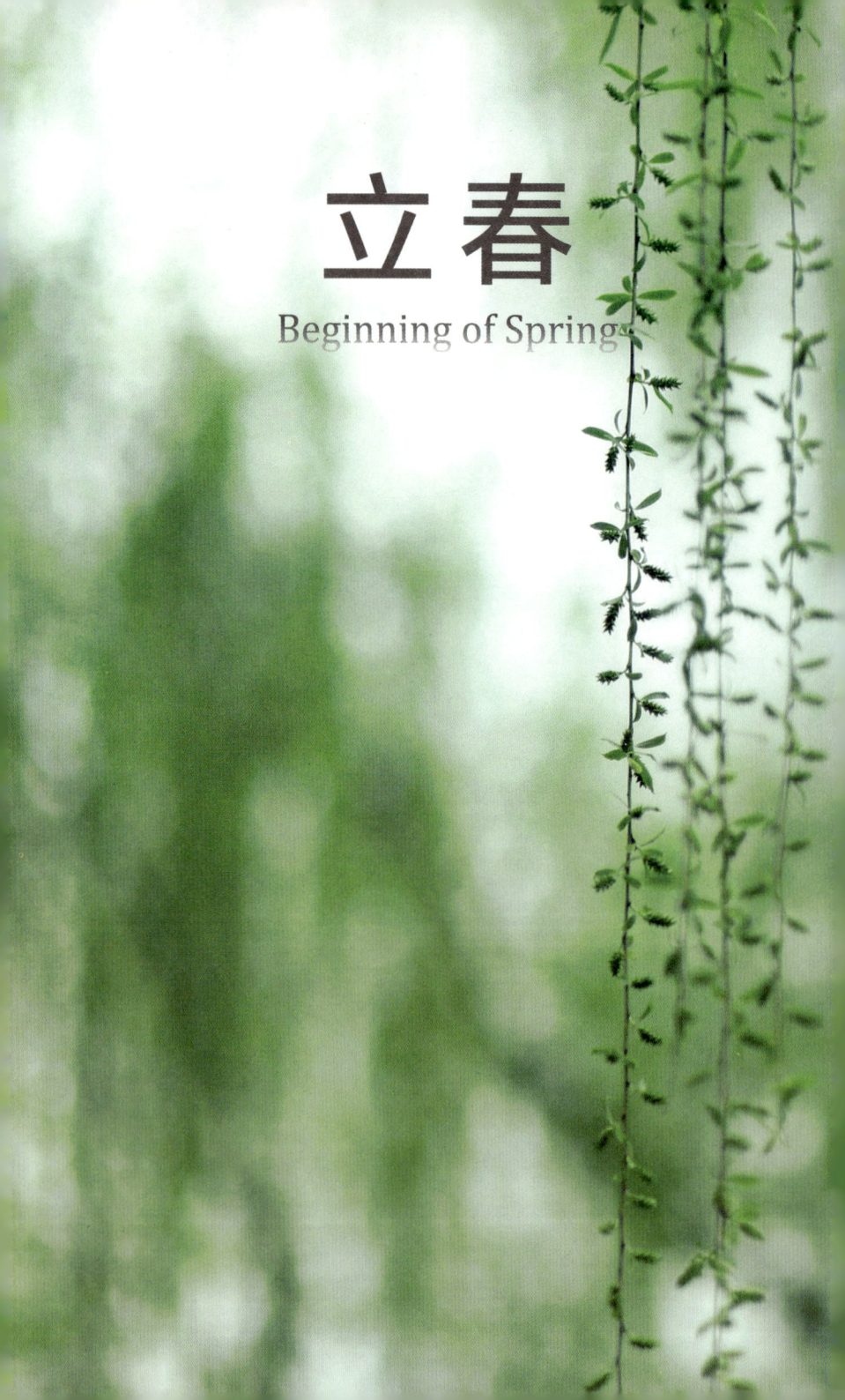

Beginning of Spring

乙巳年
正月初六

03
February

2月3日
星 期 一

东坡苏堤赏雪

乙巳年
正月初七

04
February

2月4日
星期二

2025

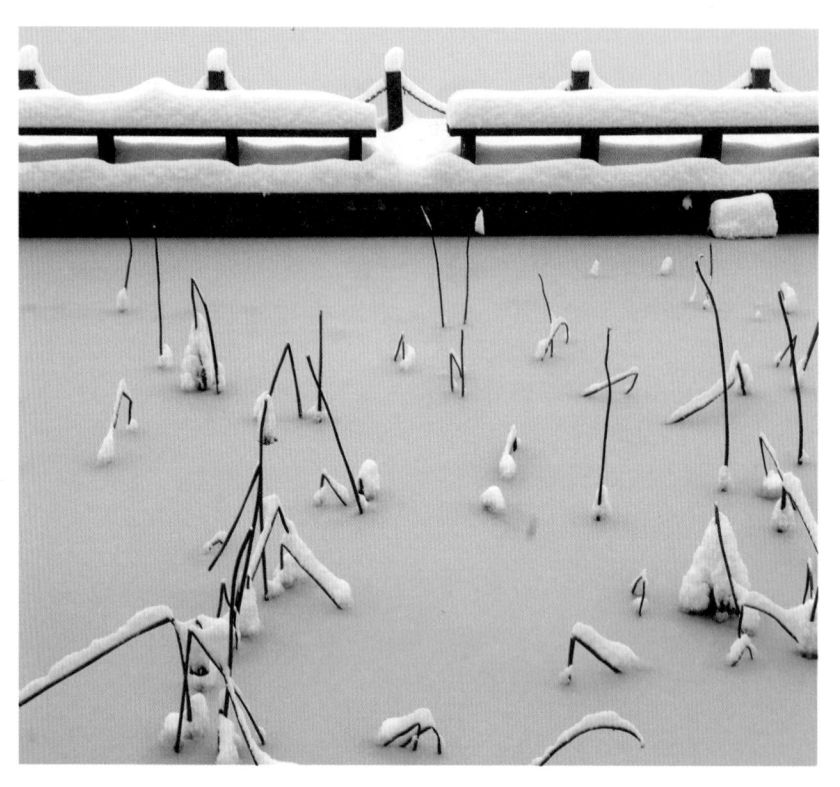

北山残藕如画

乙巳年
正月初八

05
February

2月5日
星期三

北山路雪荷

乙巳年
正月初九

06
February

2月6日
星期四

浴鹄湾初雪

乙巳年
正月初十

07
February

2月7日
星期五

2025

断桥一望

乙巳年
正月十一

08
February

2月8日
星期六

湖上落日

| 乙巳年 | **09** February | 2月9日 |
| 正月十二 | | 星期日 |

2025

雪落无声，长桥白首

乙巳年	**10**	2月10日
正月十三	February	星期一

西湖国宾馆小景

乙巳年	**11**	2月11日
正月十四	February	星期二

元宵访雪浴鹄湾

乙巳年
正月十五

12
February

2月12日
星 期 三

元宵节

湖山览胜

乙巳年
正月十六

13
February

2月13日
星期四

2025

冰珠雪玉落茅亭

乙巳年
正月十七

14
February

2月14日
星期五

湖上初晴

乙巳年	**15**	2月15日
正月十八	February	星期六

2025

林社春意峥嵘

| 乙巳年 | **16** | 2月16日 |
| 正月十九 | February | 星期日 |

冬雪

乙巳年	**17** February	2月17日
正月二十		星期一

雨水

Rain Water

乙巳年
正月廿一

18
February

2月18日
星 期 二

远望玉带桥

乙巳年
正月廿二

19
February

2月19日
星期三

万条垂下

乙巳年
正月廿三

20
February

2月20日
星 期 四

2025

白堤之柳

乙巳年
正月廿四

21
February

2月21日
星 期 五

2025

西泠印社内的邓石如像

乙巳年
正月廿五

22
February

2月22日
星期六

放鹤亭外晚梅香

乙巳年
正月廿六

23
February

2月23日
星 期 日

北归大雁越过保俶塔

乙巳年
正月廿七

24
February

2月24日
星期一

初春的曲院风荷

乙巳年
正月廿八

25
February

2月25日
星期二

杨公堤旁双鸭争渡

乙巳年
正月廿九

26
February

2月26日
星　期　三

苏堤畔，小鸭凫水

乙巳年
正月三十

27
February

2月27日
星期四

锁澜桥上的回眸

乙巳年
二月初一

28
February

2月28日
星 期 五

2025

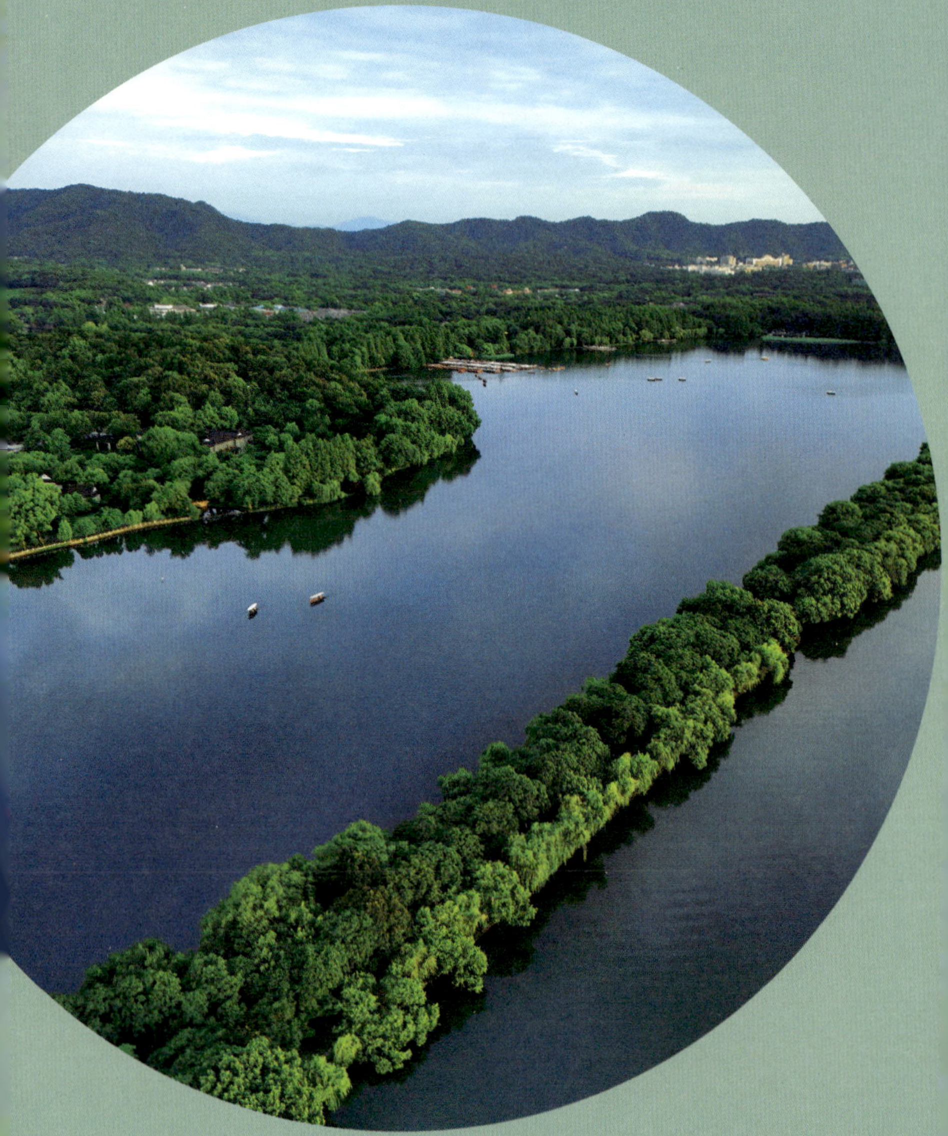

3 苏堤春晓

"苏堤春晓"为南宋"西湖十景"之首，是以苏堤的长堤六桥、桃红柳绿为主题的跨湖古堤景观。观赏内容包括堤桥本身"烟柳画桥"的景致，以及沿堤漫行时如画般逐渐展开的湖山胜景。自古至今，苏堤一直被认为是观赏西湖水光山色的最佳地带。

苏堤如一笔浓浓的墨，在西湖的柔波间点画出天下最长的墨痕。西湖如一汪醇香的佳酿，在南屏山麓泼出天下最美的酒，而苏堤横卧，恰似在盛满醇酒的酒樽中掷上一箸，溅起酒气芬芳的雾霭。

March

周一	周二	周三	周四	周五	周六	周日
					1	2
3	4	5	6	7	8	9
10	11	12	13	14	15	16
17	18	19	20	21	22	23
24	25	26	27	28	29	30
31						

乙巳年
二月初二

01
March

3月1日
星期六

2025

钱王祠外白梅俏

乙巳年
二月初三

02
March

3月2日
星期日

2025

聊赠一枝春

乙巳年
二月初四

03
March

3月3日
星期一

九曜山五代石刻

乙巳年
二月初五

04
March

3月4日
星期二

2025

惊蛰

Awakening of Insects

乙巳年　　　　　05　　　　　3月5日
二月初六　　　　March　　　星期三

繁花掩映下的西湖白塔

乙巳年
二月初七

06
March

3月6日
星期四

2025

鸳鸯戏水

乙巳年
二月初八

07
March

3月7日
星期五

2025

龙井山采茶图

乙巳年
二月初九

08
March

3月8日
星 期 六

妇女节

柳树与行人

乙巳年
二月初十

09
March

3月9日
星期日

2025

曲院风荷的春日之晨

乙巳年
二月十一

10
March

3月10日
星期一

2025

太子湾原生郁金香

乙巳年
二月十二

11
March

3月11日
星　期　二

2025

孤山放鹤亭

乙巳年
二月十三

12
March

3月12日
星　期　三

植树节

集贤亭落日

乙巳年
二月十四

13
March

3月13日
星期四

归雁画亭

乙巳年
二月十五

14
March

3月14日
星期五

绿意环绕的浙江佛学院

乙巳年
二月十六

15
March

3月15日
星期六

郁金香开遍太子湾

乙巳年
二月十七

16
March

3月16日
星期日

鸬鹚狩猎

乙巳年	17	3月17日
二月十八	March	星　期　一

曲院风荷赏樱

乙巳年
二月十九

18
March

3月18日
星期二

2025

圣塘虬枝

| 乙巳年 | **19** | 3月19日 |
| 二月二十 | March | 星期三 |

2025

春分
Spring Equinox

乙巳年
二月廿一

20
March

3月20日
星期四

曲院风荷,湖畔沉思

乙巳年
二月廿二

21
March

3月21日
星期五

宝石山外，山雨欲来

乙巳年
二月廿三

22
March

3月22日
星 期 六

湖滨晚晴

乙巳年
二月廿四

23
March

3月23日
星期日

2025

风拂保俶塔

乙巳年
二月廿五

24
March

3月24日
星 期 一

色占花中无玷白,香飘天外有余韶

乙巳年
二月廿六

25
March

3月25日
星 期 二

太子湾花语

乙巳年
二月廿七

26
March

3月26日
星期三

2025

温暖的春日清晨，曲院风荷与流浪猫一起醒来

乙巳年
二月廿八

27
March

3月27日
星期四

2025

万条垂下绿丝绦

乙巳年
二月廿九

28
March

3月28日
星 期 五

2025

佛学院茶园

乙巳年
三月初一

29
March

3月29日
星期六

2025

中国茶叶博物馆草木葳蕤

乙巳年
三月初二

30
March

3月30日
星期日

春櫻似雪

乙巳年	**31** March	3月31日
三月初三		星期一

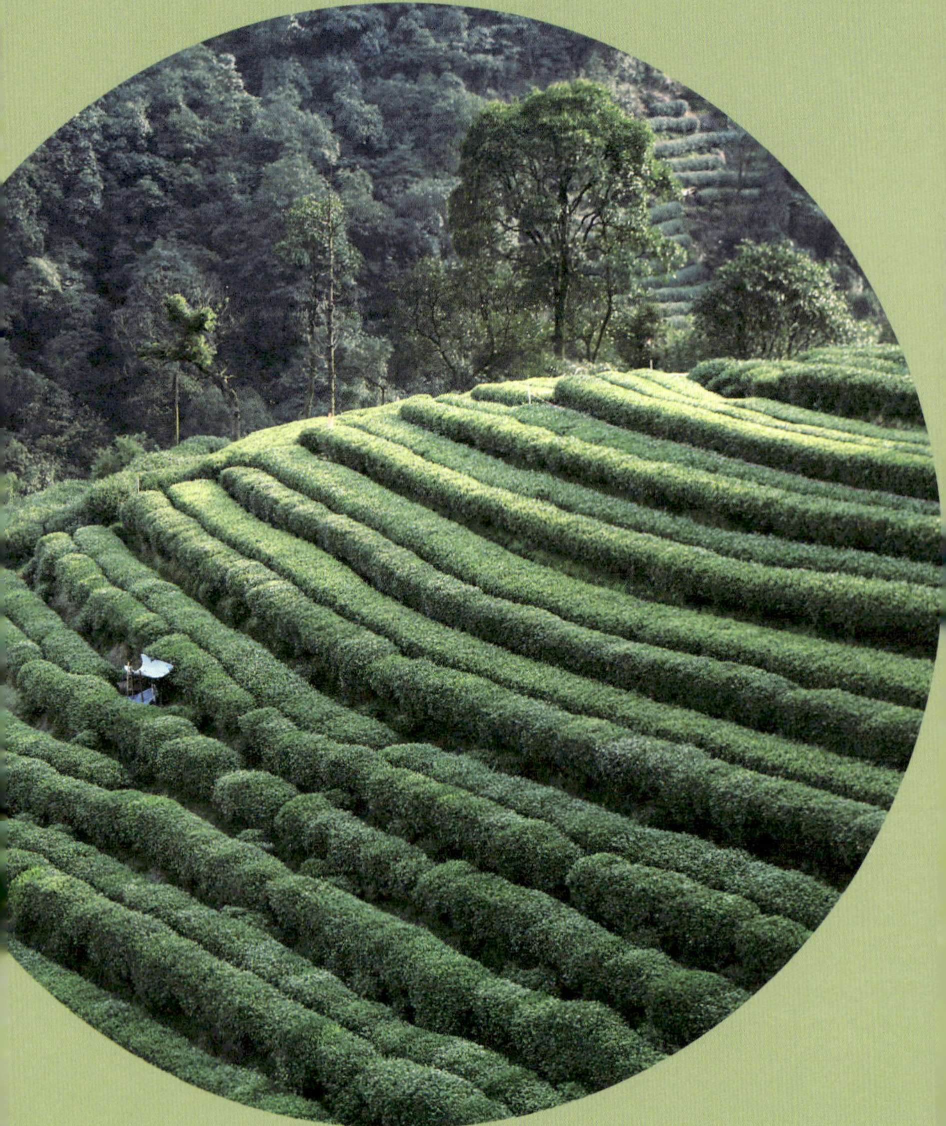

龙井位于西湖西面竹茂林密的风篁岭上，相传井与海相通，海中有龙，因名"龙井"，井水清澈甘洌。井西是龙井村，环山产西湖龙井茶，因具有色翠、香郁、味醇、形美的特点，被赞为"四绝"而著称于世。

龙井北端是烟雾缭绕的烟霞三洞，南端是烟波浩渺的钱塘江，中心地带是烟云低垂的狮子峰。九溪十八洞水随山转，山因水活。这里的山和树，都因有了这纵横交错、蜿蜒曲折而又奔流不息的水的滋养而丰茂。龙井茶被誉为"中国第一茶"，的确得益于这山泉雨露的滋养。

4

龙井洞茶

April

周一	周二	周三	周四	周五	周六	周日
	1	2	3	4	5	6
7	8	9	10	11	12	13
14	15	16	17	18	19	20
21	22	23	24	25	26	27
28	29	30				

乙巳年
三月初四

01
April

4月1日
星期二

2025

烟波漂舟

乙巳年
三月初五

02
April

4月2日
星期三

2025

白堤春晓

乙巳年
三月初六

03
April

4月3日
星期四

2025

清明

Pure Brightness

乙巳年
三月初七

04
April

4月4日
星 期 五

上茅家埠的采茶人

乙巳年
三月初八

05
April

4月5日
星期六

龙井茶园忙碌了起来

乙巳年
三月初九

06
April

4月6日
星 期 日

2025

中天竺佛学院禅茶

乙巳年
三月初十

07
April

4月7日
星期一

2025

傍晚时分，樱花倒映在花港观鱼水面

乙巳年
三月十一

08
April

4月8日
星 期 二

抱朴道院外，雨打芭蕉

乙巳年	09 April	4月9日
三月十二		星 期 三

2025

花港观鱼假山一景

乙巳年
三月十三

10
April

4月10日
星 期 四

西泠桥畔秋瑾像

乙巳年	**11**	4月11日
三月十四	April	星期五

太子湾摇曳的郁金香

乙巳年
三月十五

12
April

4月12日
星期六

2025

四公园的石狮子

乙巳年
三月十六

13
April

4月13日
星期日

2025

菩提精舍一瞥

乙巳年
三月十七

14
April

4月14日
星 期 一

2025

雨前龙井新茶

乙巳年
三月十八

15
April

4月15日
星 期 二

2025

春水如鉴花弄影

乙巳年
三月十九

16
April

4月16日
星期三

2025

九溪烟树速写

乙巳年	**17**	4月17日
三月二十	April	星　期　四

2025

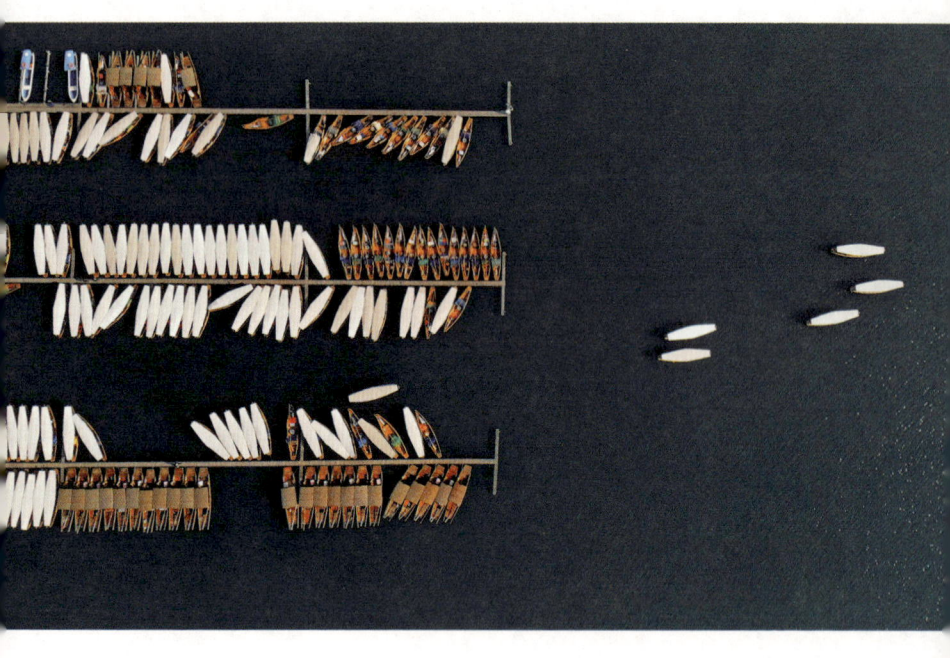

杨公堤旁百舸待发

乙巳年
三月廿一

18
April

4月18日
星　期　五

2025

樱花盛开的乌龟潭

乙巳年
三月廿二

19
April

4月19日
星期六

2025

谷雨
Grain Rain

乙巳年
三月廿三

20
April

4月20日
星期日

灵隐香客络绎不绝

乙巳年
三月廿四

21
April

4月21日
星 期 一

云栖竹径一棵树

乙巳年	**22** April	4月22日
三月廿五		星期二

2025

杨公堤之晨

乙巳年
三月廿六

23
April

4月23日
星期三

北山街外，晨光熹微

乙巳年	**24** April	4月24日
三月廿七		星期四

2025

城隍阁望晴

乙巳年
三月廿八

25
April

4月25日
星 期 五

2025

北山俯瞰

乙巳年
三月廿九

26
April

4月26日
星 期 六

2025

风软迟迟垂绿低

| 乙巳年 | **27** April | 4月27日 |
| 三月三十 | | 星期日 |

四公园的簪花人

乙巳年
四月初一

28
April

4月28日
星 期 一

2025

春来太子湾

乙巳年
四月初二

29
April

4月29日
星期二

2025

柳浪闻莺，丝竹清音

乙巳年
四月初三

30
April

4月30日
星期 三

2025

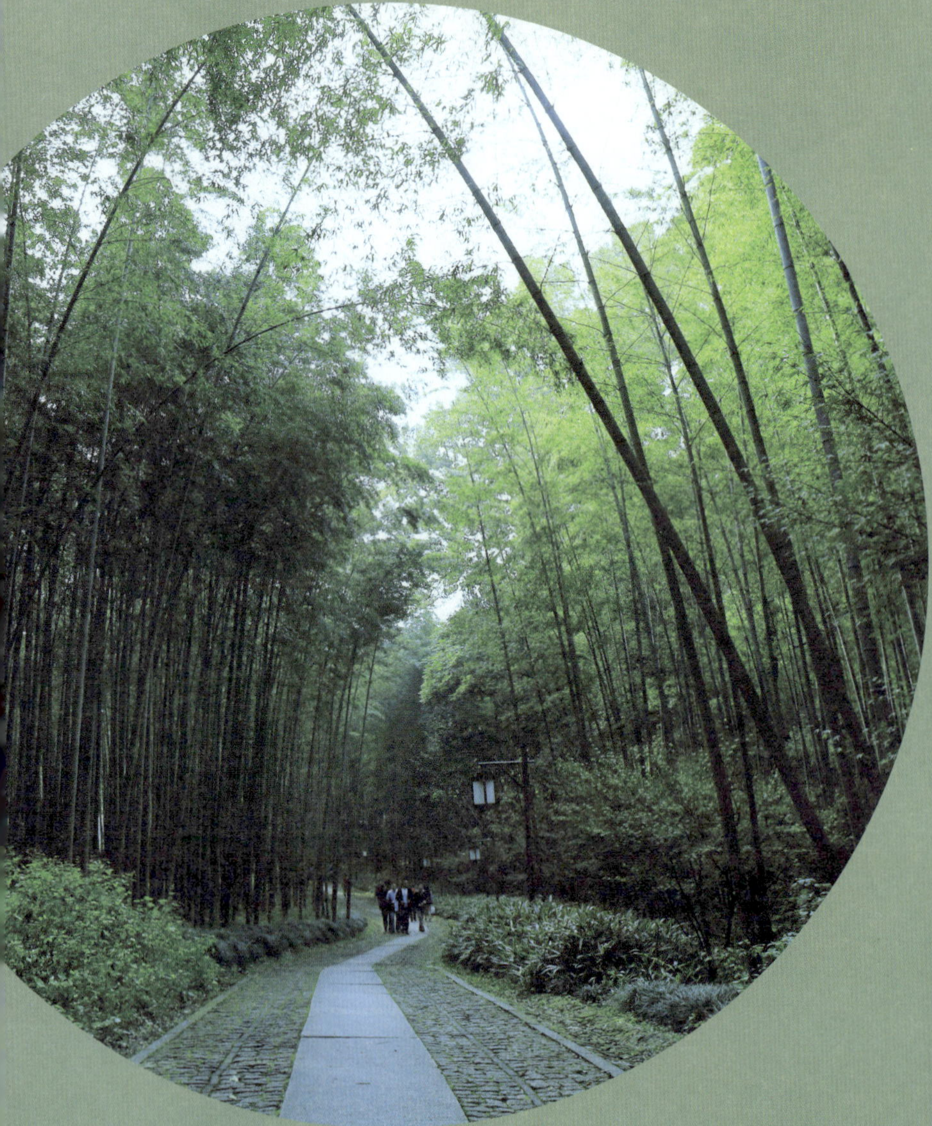

云栖竹径位于五云山南麓的云栖坞里。小径蜿蜒,两旁翠竹成荫,潺潺清溪依径而下,娇婉动听的鸟声自竹林中传出,整个环境幽静清凉,使人舒适轻松,心旷神怡。

云栖竹径,以竹之声色,牵人各自之情愫。春天里,绿色连着绿色,尽染衣袂;夏日中,浓荫叠着浓荫,尽挹清凉;时在残秋,天风陨落,夹径一片萧萧;岁在腊尾,飞鸟啄雪,含旧处的阴,惊新处的晴。

May

周一	周二	周三	周四	周五	周六	周日
			1	2	3	4
5	6	7	8	9	10	11
12	13	14	15	16	17	18
19	20	21	22	23	24	25
26	27	28	29	30	31	

乙巳年
四月初四

01
May

5月1日
星期四

劳动节

春天的花港观鱼长廊

乙巳年
四月初五

02
May

5月2日
星期五

2025

龙井溪边的野花盛开

乙巳年	03	5月3日
四月初六	May	星期六

在白塔公园漫步花海

乙巳年
四月初七

04
May

5月4日
星期日

青年节

2025

立 夏

Beginning of Summer

乙巳年
四月初八

05
May

5月5日
星期一

归

乙巳年	06	5月6日
四月初九	May	星期二

江洋畈生态公园的清晨

乙巳年
四月初十

07
May

5月7日
星期三

云栖竹径，流萤飞舞

乙巳年
四月十一

08
May

5月8日
星 期 四

2025

西湖晚霞绚烂

乙巳年
四月十二

09
May

5月9日
星 期 五

2025

湖滨赏落日

乙巳年
四月十三

10
May

5月10日
星 期 六

2025

云绕峰峦保俶立

乙巳年
四月十四

11
May

5月11日
星 期 日

母亲节

依山傍水梦江南

乙巳年
四月十五

12
May

5月12日
星 期 一

在叶子上休憩的豆娘

乙巳年
四月十六

13
May

5月13日
星 期 二

水鸟悠立西湖中

乙巳年
四月十七

14
May

5月14日
星 期 三

2025

江洋畈生态公园的水生植物

| 乙巳年 | **15** | 5月15日 |
| 四月十八 | May | 星期四 |

2025

西湖国宾馆小景

乙巳年
四月十九

16
May

5月16日
星 期 五

2025

德寿宫，檐角听风

乙巳年
四月二十

17
May

5月17日
星 期 六

2025

湖心亭，窗中景

乙巳年
四月廿一

18
May

5月18日
星期日

初夏,白塔公园温柔的阳光

乙巳年	**19**	5月19日
四月廿二	May	星期一

天鹅湖

乙巳年
四月廿三

20
May

5月20日
星期二

2025

小 满

Grain Buds

乙巳年
四月廿四

21
May

5月21日
星期三

曲院风荷静默的少女

乙巳年
四月廿五

22
May

5月22日
星期四

2025

郭庄枕湖月洞门

乙巳年
四月廿六

23
May

5月23日
星期五

老龙井宋广福院山门遗址

乙巳年
四月廿七

24
May

5月24日
星 期 六

2025

十里梅坞蕴茶香

乙巳年
四月廿八

25
May

5月25日
星期日

雷峰塔上看西湖

乙巳年
四月廿九

26
May

5月26日
星 期 一

飞来峰佛龛

乙巳年	**27**	5月27日
五月初一	May	星期 二

白塔公园绣球花肆意绽放

乙巳年
五月初二

28
May

5月28日
星期三

双峰插云

乙巳年
五月初三

29
May

5月29日
星期四

2025

浴鹄湾，赏湖光山色

乙巳年
五月初四

30
May

5月30日
星 期 五

2025

保俶塔下龙舟曳

乙巳年
五月初五

31
May

5月31日
星 期 六

端午节

2025

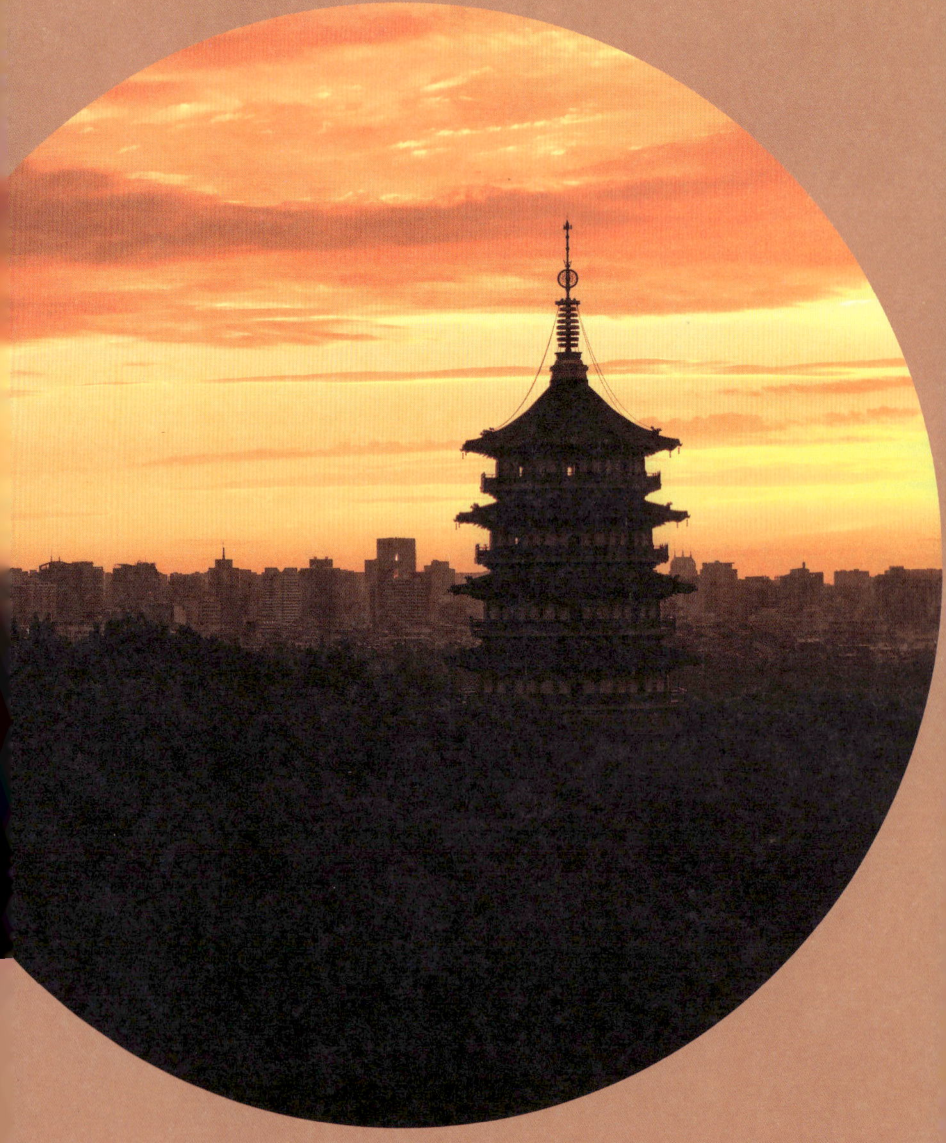

6 雷峰夕照

雷峰塔坐落于净慈寺北、南屏山支脉雷峰（又称夕照山）上，系吴越国王钱弘俶为庆黄妃得子而建。当夕阳西照时，塔影横空，别有一番瑰丽景象。1924年9月25日，雷峰塔倒塌，塔去影散，夕阳空照。

2002年10月25日，按雷峰塔原有的形制、体量和风貌建造的雷峰新塔在原址建成。按原址重建后的雷峰塔，位于夕照山巅，与宝石山上清秀挺拔的保俶塔遥遥相对。夕照山上种植了大量香樟、枫香、榆树等观赏树木。每当夕阳斜照，宝塔生辉，佛光宝气，普映山水，景色富丽堂皇。

June

周一	周二	周三	周四	周五	周六	周日
						1
2	3	4	5	6	7	8
9	10	11	12	13	14	15
16	17	18	19	20	21	22
23	24	25	26	27	28	29
30						

| 乙巳年 | **01** | 6月1日 |
| 五月初六 | June | 星期日 |

儿童节

小鸟荷枝栖

乙巳年
五月初七

02
June

6月2日
星期一

2025

绿树掩映下的雷峰塔

乙巳年
五月初八

03
June

6月3日
星期二

2025

碧波映瓦影，荷花醉夏风

乙巳年
五月初九

04
June

6月4日
星期三

芒 种

Grain in Ear

乙巳年　　　　05　　　　6月5日
五月初十　　　June　　　 星期四

九曜山——俯瞰西湖的绝佳点

| 乙巳年 | **06** | 6月6日 |
| 五月十一 | June | 星期五 |

2025

西湖画境

乙巳年
五月十二

07
June

6月7日
星 期 六

2025

神舟基地的清晨

乙巳年
五月十三

08
June

6月8日
星期日

2025

孤山一瞥

乙巳年	09	6月9日
五月十四	June	星期一

茅家埠外烟云起

乙巳年
五月十五

10
June

6月10日
星 期 二

2025

水中树影树中山，山自无心水自闲

乙巳年
五月十六

11
June

6月11日
星 期 三

粉霞映宝塔

乙巳年
五月十七

12
June

6月12日
星 期 四

2025

早有蜻蜓立上头

乙巳年
五月十八

13
June

6月13日
星 期 五

2025

接天莲叶无穷碧

乙巳年
五月十九

14
June

6月14日
星 期 六

2025

浴鹄湾临水观景

| 乙巳年 | **15** | 6月15日 |
| 五月二十 | June | 星期日 |

父亲节

一径白堤连孤山

乙巳年
五月廿一

16
June

6月16日
星 期 一

2025

一堤一岛分水面

乙巳年
五月廿二

17
June

6月17日
星期 二

2025

飞来峰造像

乙巳年
五月廿三

18
June

6月18日
星期三

2025

万松书院的毓粹门与明道堂

乙巳年
五月廿四

19
June

6月19日
星期四

2025

莲池映山幽

乙巳年	**20**	6月20日
五月廿五	June	星期五

2025

夏至
Summer Solstice

乙巳年
五月廿六

21
June

6月21日
星 期 六

灵隐禅踪

乙巳年	**22** June	6月22日
五月廿七		星期日

2025

九溪盛夏

乙巳年
五月廿八

23
June

6月23日
星期一

湖上仲夏

乙巳年	**24** June	6月24日
五月廿九		星期二

2025

波光碎影茅家埠

乙巳年
六月初一

25
June

6月25日
星期三

镜中西湖

乙巳年
六月初二

26
June

6月26日
星期四

2025

柳浪闻莺

乙巳年
六月初三

27
June

6月27日
星期五

2025

宝石山上看西湖夜色

乙巳年
六月初四

28
June

6月28日
星期六

2025

三台云水

乙巳年
六月初五

29
June

6月29日
星 期 日

杨公堤桥影流光

乙巳年
六月初六

30
June

6月30日
星期一

2025

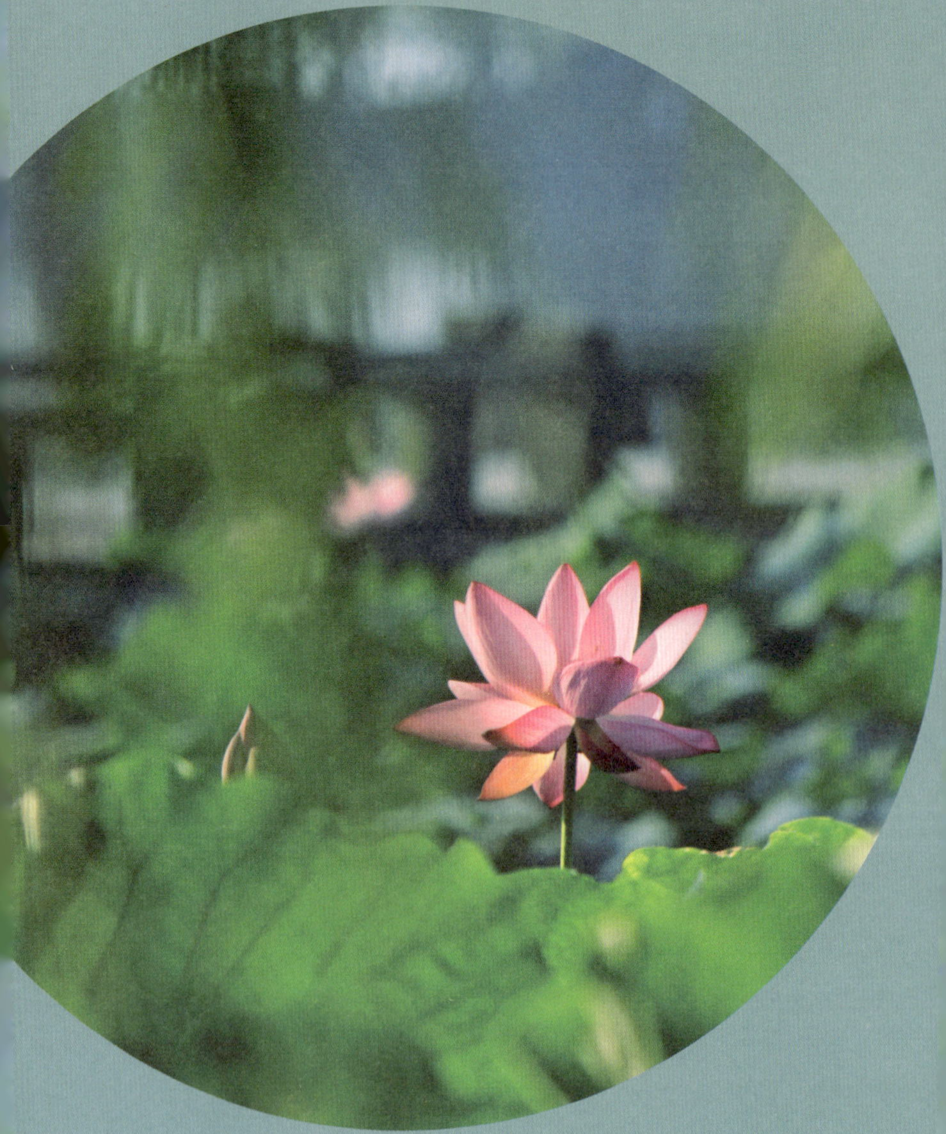

7 曲院风荷

曲院风荷是南宋"西湖十景"之一,位于西湖西侧岳庙前。南宋时,此地有一处宫廷酿酒作坊,附近池塘种有菱荷,每当夏日风起,酒香伴随着荷香,飘散四溢,沁人心脾,因名"曲院风荷"。

1980年起,曲院风荷景区扩建,占地面积达426亩。园内廊、轩、亭、阁,一应俱全,尤以大片的荷田令人瞩目。每当夏日,莲叶田田,菡萏妖娆。"亭亭翠盖拥群仙"的荷池有水道相连,水上架设着或近水或贴水或依水的六座小桥,人行其中,仿佛行走在莲荷丛中。人倚花姿,花映人面,花、人两相宜。

July

周一	周二	周三	周四	周五	周六	周日
	1	2	3	4	5	6
7	8	9	10	11	12	13
14	15	16	17	18	19	20
21	22	23	24	25	26	27
28	29	30	31			

乙巳年
六月初七

01
July

7月1日
星 期 二

建党节

2025

泛舟荷花间

乙巳年
六月初八

02
July

7月2日
星期三

2025

半池荷香

| 乙巳年 | **03** | 7月3日 |
| 六月初九 | July | 星期四 |

2025

船上望雷峰塔

乙巳年
六月初十

04
July

7月4日
星期五

2025

西湖睡莲

| 乙巳年 | 05 | 7月5日 |
| 六月十一 | July | 星 期 六 |

2025

塔影湖中画

乙巳年
六月十二

06
July

7月6日
星期日

2025

小 暑

Minor Heat

乙巳年
六月十三

07
July

7月7日
星期一

伞下悠享

乙巳年
六月十四

08
July

7月8日
星期二

2025

孤山夏荷

乙巳年
六月十五

09
July

7月9日
星期三

2025

三潭印月

乙巳年
六月十六

10
July

7月10日
星期四

2025

闲适自在

乙巳年
六月十七

11
July

7月11日
星　期　五

白堤，华灯初上

乙巳年	12	7月12日
六月十八	July	星期六

夜观城隍阁

| 乙巳年
六月十九 | **13**
July | 7月13日
星　期　日 |

2025

归渡郭庄

乙巳年
六月二十

14
July

7月14日
星 期 一

2025

西湖天下景

乙巳年
六月廿一

15
July

7月15日
星 期 二

2025

孤山之晨

乙巳年
六月廿二

16
July

7月16日
星期三

2025

西泠桥畔，荷池云影

乙巳年	**17**	7月17日
六月廿三	July	星期四

郭庄风荷

乙巳年
六月廿四

18
July

7月18日
星期五

2025

龙井十八棵御茶

乙巳年
六月廿五

19
July

7月19日
星期六

繁华都市

乙巳年
六月廿六

20
July

7月20日
星期日

2025

新新饭店

乙巳年	21	7月21日
六月廿七	July	星期一

2025

大暑

Major Heat

乙巳年
六月廿八

22
July

7月22日
星 期 二

西湖荷韵窗中画

| 乙巳年 | **23** | 7月23日 |
| 六月廿九 | July | 星期三 |

北山街观荷

乙巳年
六月三十

24
July

7月24日
星　期　四

2025

湖边小憩

乙巳年
闰六月初一

25
July

7月25日
星期五

2025

柳浪闻莺

乙巳年
闰六月初二

26
July

7月26日
星期六

2025

德寿宫夜景

乙巳年
闰六月初三

27
July

7月27日
星 期 日

檐角飞展，回廊绕水

乙巳年
闰六月初四

28
July

7月28日
星期一

2025

朝霞映照湖中岛

乙巳年
闰六月初五

29
July

7月29日
星期 二

2025

望仙阁共城隍阁一线

乙巳年
闰六月初六

30
July

7月30日
星期三

西湖游船

乙巳年
闰六月初七

31
July

7月31日
星期四

2025

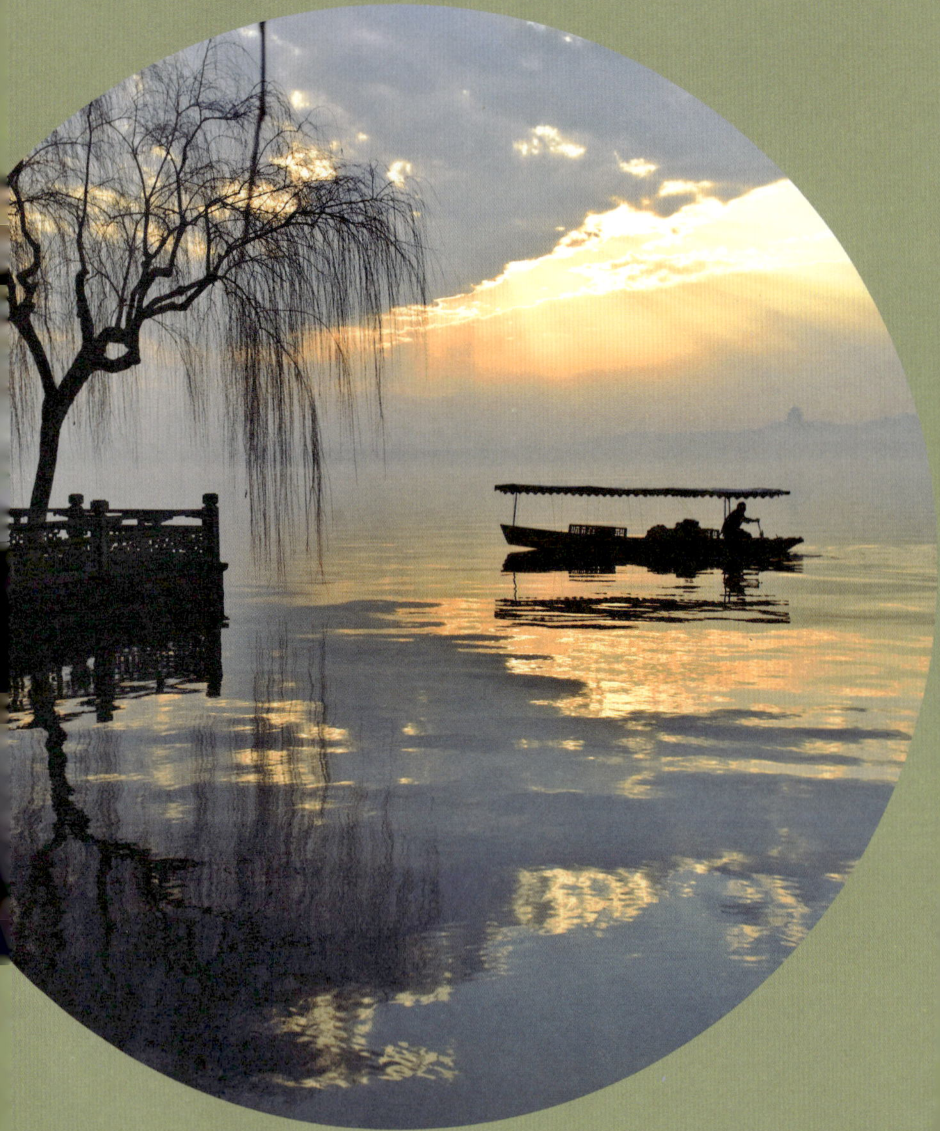

8 平湖秋月

平湖秋月景区位于孤山南麓，白堤西端，濒临外西湖，是临湖欣赏西湖全景的绝佳地点之一。景区树木葱茏，假山叠石点缀其间，亭台楼阁错落有致，完整地保留了清代皇家钦定西湖十景时"一院一楼一碑一亭"的院落布局。秋夜在此纵目远眺，但见皓月当空、月光若水、湖天一碧，令游人有"不知今夕是何年"之感。

平湖秋月景区高阁凌波，绮窗临水，楼阁四周有曲栏画槛，九曲石桥；楼前平台三面濒湖，远视湖滨和两堤三岛，纵横在目；秋夜皎月挂空，湖水澄碧，水月云天，银波万顷，使人恍若置身于水晶宫中。前人有联语云："万顷湖平长似镜，四时月好最宜秋。"

August

周一	周二	周三	周四	周五	周六	周日
				1	2	3
4	5	6	7	8	9	10
11	12	13	14	15	16	17
18	19	20	21	22	23	24
25	26	27	28	29	30	31

乙巳年
闰六月初八

01
August

8月1日
星期五

建军节

碧波泛轻舟

乙巳年
闰六月初九

02
August

8月2日
星 期 六

2025

霁虹桥秋叶斑斓

乙巳年
闰六月初十

03
August

8月3日
星 期 日

中国丝绸博物馆的水杉

乙巳年
闰六月十一

04
August

8月4日
星期一

遥望东浦桥

乙巳年
闰六月十二

05
August

8月5日
星期二

宝石流霞

乙巳年
闰六月十三

06
August

8月6日
星期三

2025

立秋
Beginning of Autumn

乙巳年
闰六月十四

07
August

8月7日
星期四

从北山路隔湖眺望林社

乙巳年
闰六月十五

08
August

8月8日
星 期 五

2025

西湖唱晚

乙巳年
闰六月十六

09
August

8月9日
星 期 六

孤云草舍（新新饭店西楼）

乙巳年
闰六月十七

10
August

8月10日
星期日

2025

浴鹄湾水域

乙巳年
闰六月十八

11
August

8月11日
星 期 一

2025

湖滨赏月

乙巳年
闰六月十九

12
August

8月12日
星期 二

2025

西湖晚风

乙巳年
闰六月二十

13
August

8月13日
星 期 三

浙江图书馆孤山馆区藏书楼

乙巳年
闰六月廿一

14
August

8月14日
星期四

曲院风荷

乙巳年
闰六月廿二

15
August

8月15日
星　期　五

2025

采荷小舟驶过断桥

乙巳年
闰六月廿三

16
August

8月16日
星期六

满载而归

乙巳年
闰六月廿四

17
August

8月17日
星 期 日

2025

杨公堤，林中光影

乙巳年
闰六月廿五

18
August

8月18日
星期一

浴鹄湾,目翠赏幽

乙巳年
闰六月廿六

19
August

8月19日
星 期 二

2025

浴鹄湾飞虹廊

乙巳年
闰六月廿七

20
August

8月20日
星期三

2025

孤山落日飞檐

乙巳年
闰六月廿八

21
August

8月21日
星期四

澄庐

乙巳年
闰六月廿九

22
August

8月22日
星期五

处 暑

End of Heat

乙巳年
七月初一

23
August

8月23日
星 期 六

西泠印社，檐雨夜深意阑珊

乙巳年
七月初二

24
August

8月24日
星期日

静立观澜

| 乙巳年 | **25** | 8月25日 |
| 七月初三 | August | 星　期　一 |

2025

雾锁南高峰

乙巳年	**26** August	8月26日
七月初四		星期二

2025

飞鸟落枝头

乙巳年
七月初五

27
August

8月27日
星　期　三

2025

杨公堤畔的目送

乙巳年
七月初六

28
August

8月28日
星期四

2025

逸云精舍

乙巳年	**29**	8月29日
七月初七	August	星期五

七夕

2025

夜西湖

乙巳年
七月初八

30
August

8月30日
星期六

荷香绕常楼

乙巳年
七月初九

31
August

8月31日
星期日

2025

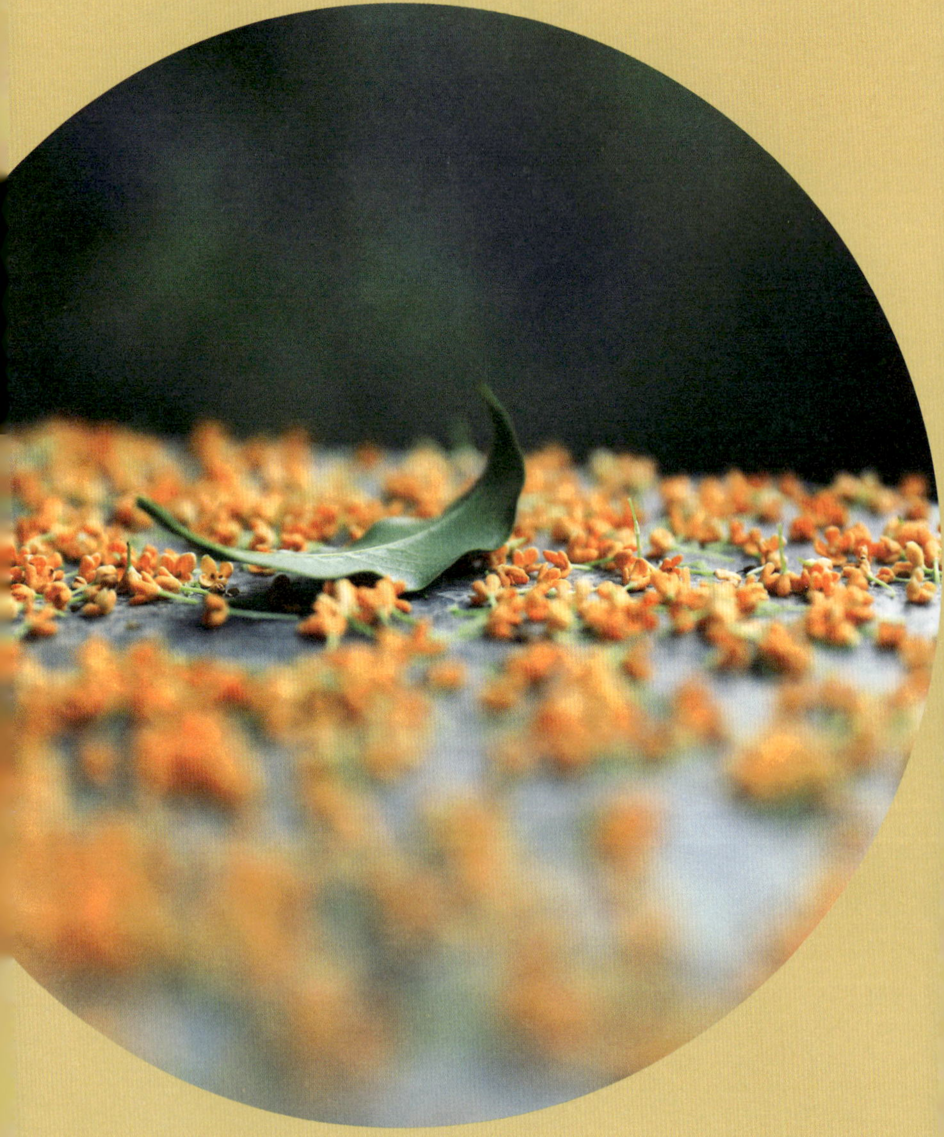

9 满陇桂雨

满觉陇位于南高峰与白鹤峰夹峙下的村落中,山道两边有七千多株桂树。每当金秋季节,桂花竞相开放,珠英琼树,香飘数里,沁人肺腑。在赏桂品茶的同时,游人能尝到香甜可口的当地特产——桂花栗子羹和糖桂花等佳点。

农历八月入秋后,满觉陇的桂花如金桂、银桂、丹桂、四季桂等,星星点点缀满枝头,清幽的香气弥漫飘逸,馥郁陇谷间。桂下清坐,听凭风吹一身花蕊,淅淅沥沥,疏疏落落,浮想如在雨丝绵绵中,悠然而至于长远,而至于淡出,而竟至于无。

September

周一	周二	周三	周四	周五	周六	周日
1	2	3	4	5	6	7
8	9	10	11	12	13	14
15	16	17	18	19	20	21
22	23	24	25	26	27	28
29	30					

乙巳年
七月初十

01
September

9月1日
星期一

2025

雷峰夕照

乙巳年
七月十一

02
September

9月2日
星期二

2025

九溪十八涧

乙巳年
七月十二

03
September

9月3日
星期三

2025

金秋桂子

乙巳年
七月十三

04
September

9月4日
星 期 四

云栖竹径

乙巳年
七月十四

05
September

9月5日
星期五

2025

荷叶亭亭

乙巳年
七月十五

06
September

9月6日
星期六

2025

白露
White Dew

乙巳年
七月十六

07
September

9月7日
星期日

荷风带香入画船

乙巳年
七月十七

08
September

9月8日
星 期 一

虫语

乙巳年
七月十八

09
September

9月9日
星期二

2025

云栖竹径两旁的幽幽竹林

| 乙巳年 | **10** | 9月10日 |
| 七月十九 | September | 星 期 三 |

教 师 节

2025

孤山落日

乙巳年
七月二十

11
September

9月11日
星期四

2025

徜徉秋色间

乙巳年
七月廿一

12
September

9月12日
星期五

晨光照亮了桂花雨

乙巳年
七月廿二

13
September

9月13日
星期六

2025

走在三天竺，时常可以遇见步履轻缓的僧人

乙巳年
七月廿三

14
September

9月14日
星　期　日

2025

飞来峰石刻

乙巳年
七月廿四

15
September

9月15日
星 期 一

2025

雨打芭蕉

乙巳年
七月廿五

16
September

9月16日
星 期 二

树掩郭庄宝阁

乙巳年
七月廿六

17
September

9月17日
星期三

中印禅寺窗前透出的光

乙巳年
七月廿七

18
September

9月18日
星期 四

2025

戏水

乙巳年
七月廿八

19
September

9月19日
星期 五

2025

长廊中的余晖

乙巳年
七月廿九

20
September

9月20日
星期六

2025

茅家埠秋潭照影

乙巳年
七月三十

21
September

9月21日
星期日

苏堤秋晨

乙巳年
八月初一

22
September

9月22日
星 期 一

2025

秋分
Autumn Equinox

乙巳年
八月初二

23
September

9月23日
星 期 二

茶博秋至

乙巳年
八月初三

24
September

9月24日
星 期 三

2025

水中叶

乙巳年
八月初四

25
September

9月25日
星期四

雷峰塔下思远游

乙巳年
八月初五

26
September

9月26日
星 期 五

飞来峰静观

乙巳年
八月初六

27
September

9月27日
星 期 六

飞来峰双目微闭的菩萨像

乙巳年
八月初七

28
September

9月28日
星期日

2025

蜻蜓落枝头

乙巳年
八月初八

29
September

9月29日
星期一

2025

红枫似火

乙巳年
八月初九

30
September

9月30日
星　期　二

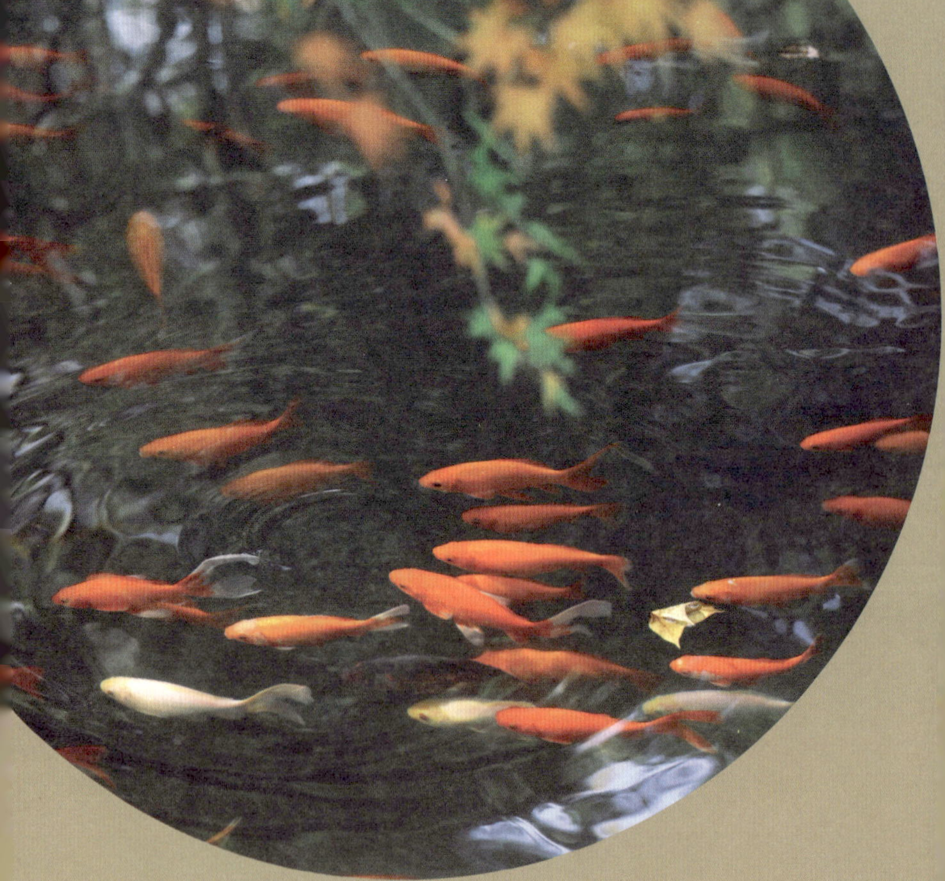

花港观鱼地处苏堤映波桥西北处,镶嵌在碧波粼粼的小南湖和西里湖之间。南宋时,内侍官卢允升在此建卢园。园内叠石为山,凿地为池,各色鱼类畅游池中。春日,繁花似锦,间或有花落于池中,呈现出"花著鱼身鱼嘬花"的胜景。

池岸叠石,错杂斑驳,富有变化。池岸北面有印影亭,南面有乐水亭,两亭相对,倒影成双。池边水草丛生,纤纤细叶浮在水面。临池花木绚丽,纷繁斑斓:山茶娇艳多姿,樱花纷披烂漫,桃花红白相间。偶有虬枝如蜻蜓点水,似与游鱼嬉戏,间有饵料投于水中,群鱼闹欢,染红半个湖面,蔚为壮观。

October

周一	周二	周三	周四	周五	周六	周日
		1	2	3	4	5
6	7	8	9	10	11	12
13	14	15	16	17	18	19
20	21	22	23	24	25	26
27	28	29	30	31		

乙巳年
八月初十

01
October

10月1日
星 期 三

国庆节

平湖秋月雾中游

乙巳年
八月十一

02
October

10月2日
星期四

2025

孤山俯瞰

乙巳年
八月十二

03
October

10月3日
星期五

2025

信步天竺寺

乙巳年
八月十三

04
October

10月4日
星　期　六

2025

卧波霁虹桥

乙巳年	**05**	10月5日
八月十四	October	星期日

2025

西泠桥畔桂花香

乙巳年
八月十五

06
October

10月6日
星 期 一

中秋节

登山远眺

乙巳年	**07**	10月7日
八月十六	October	星期 二

寒露

Cold Dew

乙巳年
八月十七

08
October

10月8日
星期三

净寺三秋桂子

乙巳年
八月十八

09
October

10月9日
星期四

2025

满目皆秋

| 乙巳年 | **10** | 10月10日 |
| 八月十九 | October | 星 期 五 |

2025

桂香如梦

乙巳年	**11**	10月11日
八月二十	October	星　期　六

2025

杨公堤，游于绿波中

乙巳年
八月廿一

12
October

10月12日
星期日

2025

隔湖远眺九曜山

乙巳年	**13**	10月13日
八月廿二	October	星 期 一

共游

乙巳年
八月廿三

14
October

10月14日
星　期　二

2025

岳庙红墙

乙巳年
八月廿四

15
October

10月15日
星　期　三

2025

树影斑驳的杨公堤

乙巳年
八月廿五

16
October

10月16日
星　期　四

动与静

乙巳年
八月廿六

17
October

10月17日
星　期　五

2025

执手漫步

乙巳年
八月廿七

18
October

10月18日
星期六

保俶塔霞光

乙巳年
八月廿八

19
October

10月19日
星　期　日

2025

悠游于谦祠

乙巳年
八月廿九

20
October

10月20日
星期一

2025

天光云影

乙巳年
九月初一

21
October

10月21日
星期二

2025

三台山之望

乙巳年
九月初二

22
October

10月22日
星期三

2025

霜降

Frost's Descent

乙巳年
九月初三

23
October

10月23日
星期四

绿中亭

乙巳年
九月初四

24
October

10月24日
星期五

2025

夕阳下的手摇船

乙巳年
九月初五

25
October

10月25日
星期六

2025

暗香满觉陇

乙巳年
九月初六

26
October

10月26日
星期日

2025

不羨仙

乙巳年	**27**	10月27日
九月初七	October	星期一

2025

花港观鱼

乙巳年
九月初八

28
October

10月28日
星期二

2025

群山之中贵人阁

乙巳年　　　　　**29**　　　　10月29日
九月初九　　　October　　　星　期　三

重阳节

一碧万顷

乙巳年
九月初十

30
October

10月30日
星期四

2025

平湖秋月，入画寻诗

乙巳年	**31**	10月31日
九月十一	October	星期五

2025

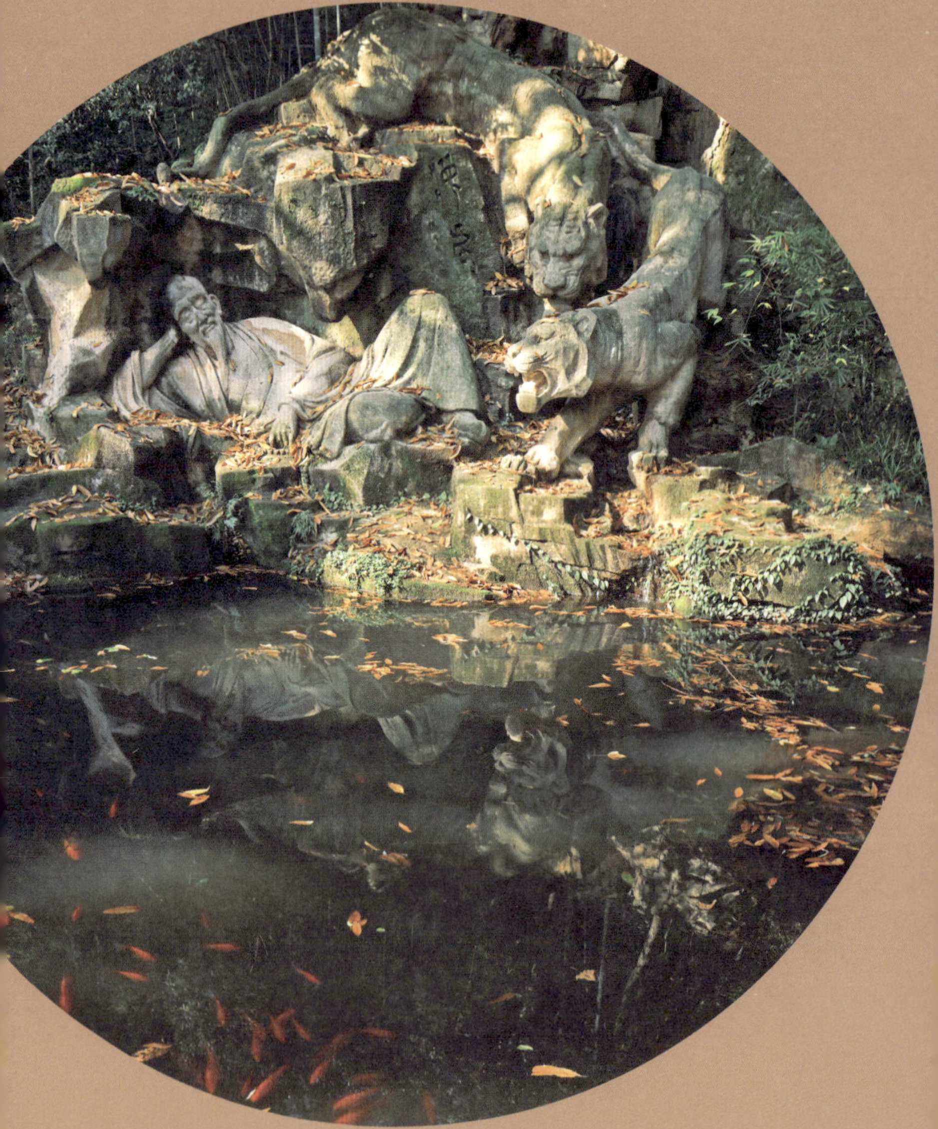

虎跑泉位于西湖之南，大慈山定慧禅寺内。传说性空大师云游到此梦见神人相告，翌日果见二虎跑山出泉。泉水甘洌醇厚，被茶圣陆羽评为"天下第三泉"。今日之虎跑是集多重文化内涵于一地的山林公园。

泉自涌出，蒙蒙如坠露，汩汩遽成泡。清泉在脚下发出丝弦般的声响，酷似滴珠落盘的琵琶乐曲。虎跑泉十分清澈，水质洁净，用虎跑泉水泡龙井茶叶，清香溢口，沁人心脾。虎跑泉与龙井茶叶一起被誉为"西湖双绝"。漫步于虎跑景区中，从听泉、观泉、品泉、试泉直到梦泉，能使人自然进入一个绘声绘色、神幻自得的美妙境界。

November

周一	周二	周三	周四	周五	周六	周日
					1	2
3	4	5	6	7	8	9
10	11	12	13	14	15	16
17	18	19	20	21	22	23
24	25	26	27	28	29	30

乙巳年
九月十二

01
November

11月1日
星期六

景行桥秋色

乙巳年
九月十三

02
November

11月2日
星期日

2025

晨光唤醒了草坪

乙巳年
九月十四

03
November

11月3日
星期一

2025

叶与影

乙巳年
九月十五

04
November

11月4日
星　期　二

白堤横卧

乙巳年
九月十六

05
November

11月5日
星 期 三

孤山一片云

乙巳年
九月十七

06
November

11月6日
星期四

2025

立冬
Beginning of Winter

乙巳年
九月十八

07
November

11月7日
星 期 五

阳光照进杨公堤

乙巳年
九月十九

08
November

11月8日
星 期 六

蓝调西湖

乙巳年
九月二十

09
November

11月9日
星期日

2025

俯瞰杭州饭店

乙巳年
九月廿一

10
November

11月10日
星期一

2025

梅家坞茶园，一线秋色

| 乙巳年 | **11** | 11月11日 |
| 九月廿二 | November | 星　期　二 |

2025

断桥旁，金风细细，叶叶梧桐坠

乙巳年	**12**	11月12日
九月廿三	November	星期三

2025

秋日西湖闲泛

乙巳年
九月廿四

13
November

11月13日
星期四

保俶夕影

乙巳年
九月廿五

14
November

11月14日
星 期 五

桂香石屋洞

| 乙巳年 | **15** | 11月15日 |
| 九月廿六 | November | 星　期　六 |

2025

云水光中

乙巳年	**16**	11月16日
九月廿七	November	星期日

2025

茅家埠竞渡

乙巳年
九月廿八

17
November

11月17日
星 期 一

曲院风荷残藕

| 乙巳年 | **18** | 11月18日 |
| 九月廿九 | November | 星　期　二 |

杨公堤码头的小舟

| 乙巳年 | **19** | 11月19日 |
| 九月三十 | November | 星期三 |

2025

孤山公园中的枯荷

乙巳年
十月初一

20
November

11月20日
星期四

2025

重重复重重

乙巳年
十月初二

21
November

11月21日
星 期 五

2025

小雪
Minor Snow

乙巳年
十月初三

22
November

11月22日
星 期 六

郭庄一侧

乙巳年
十月初四

23
November

11月23日
星期日

泛舟湖上

乙巳年
十月初五

24
November

11月24日
星 期 一

2025

行人漫步于一片波光粼粼前

乙巳年
十月初六

25
November

11月25日
星期二

2025

瓦上霜

乙巳年
十月初七

26
November

11月26日
星期三

2025

修竹遍布

乙巳年
十月初八

27
November

11月27日
星　期　四

2025

初冬湛碧楼

乙巳年
十月初九

28
November

11月28日
星期五

2025

群鸟栖息于茅家埠的芦苇荡中

乙巳年
十月初十

29
November

11月29日
星　期　六

2025

曲院风荷之冬，叶落知多少

| 乙巳年 | **30** | 11月30日 |
| 十月十一 | November | 星　期　日 |

2025

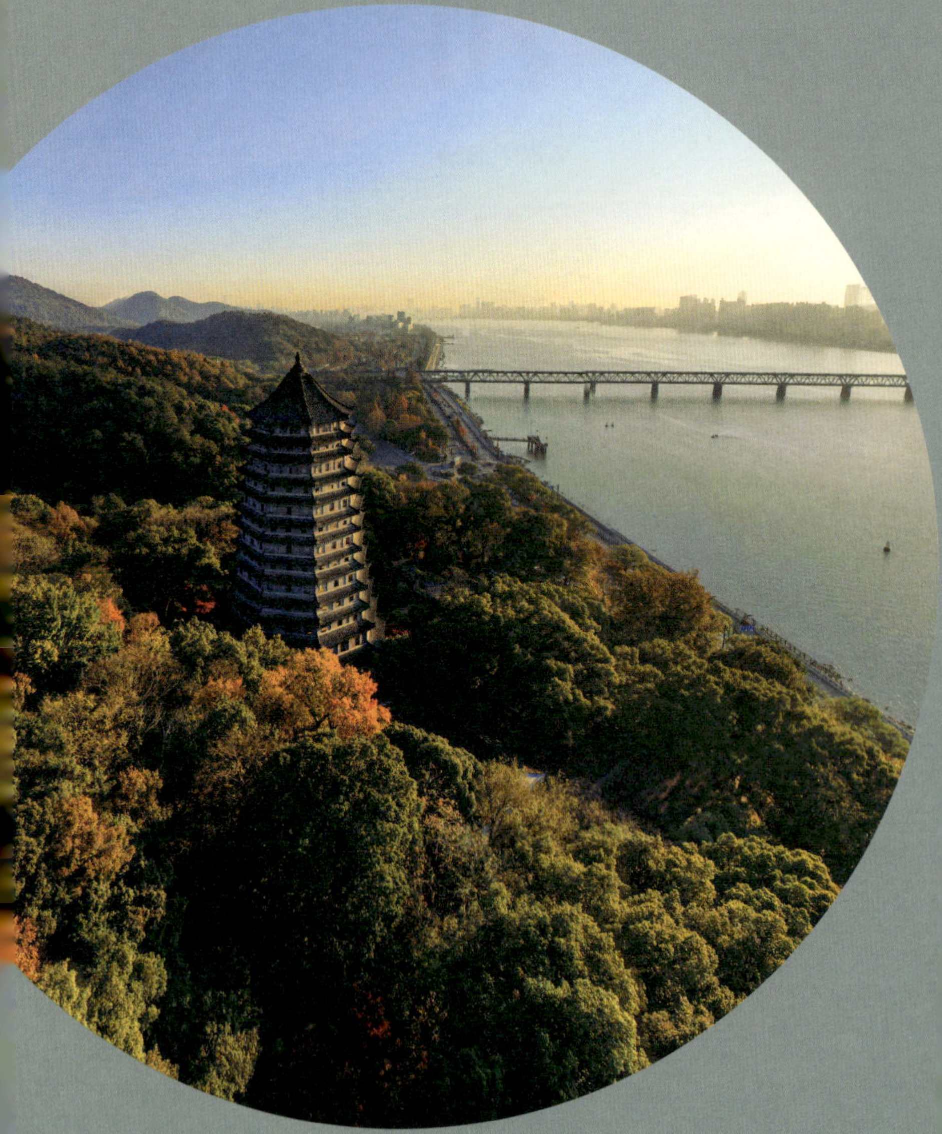

六和塔坐落于钱塘江畔月轮山上。每当大潮来临之时，天籁声中，隐隐裹挟着千军万马奔腾之势。秋高气爽的季节，登塔观潮、听涛，那份并吞八荒之豪情足以让人心旷神怡。

　　当夜在深宵，立于六和塔上，月在长空照，江在沉寂流。隐隐地，寒风渐紧，寒涛随至，江上清辉由摇曳而飞舞而飘荡，分不清哪是月的银光，哪是潮的白浪。訇然间，脚底响起惊雷，长堤仿佛在如雪如沙的怒湍急流中动裂、崩塌。此时不仅在于看中的清奇，还在于听中的雄奇，真所谓声画俱现。

December

周一	周二	周三	周四	周五	周六	周日
1	2	3	4	5	6	7
8	9	10	11	12	13	14
15	16	17	18	19	20	21
22	23	24	25	26	27	28
29	30	31				

乙巳年
十月十二

01
December

12月1日
星期一

2025

丛林环抱中的浙江大学之江校区

乙巳年	**02**	12月2日
十月十三	December	星期二

2025

湖面泛舟

乙巳年
十月十四

03
December

12月3日
星期三

2025

西泠印社石坊

乙巳年
十月十五

04
December

12月4日
星 期 四

梅家坞秋色

乙巳年
十月十六

05
December

12月5日
星 期 五

雪落装点乌龟潭

乙巳年
十月十七

06
December

12月6日
星 期 六

大雪

Major Snow

乙巳年
十月十八

07
December

12月7日
星期日

长桥公园中的见湖亭

乙巳年
十月十九

08
December

12月8日
星期一

2025

落日西湖

乙巳年
十月二十

09
December

12月9日
星期二

2025

漫步孤山路

乙巳年
十月廿一

10
December

12月10日
星 期 三

雪落莲蓬

乙巳年
十月廿二

11
December

12月11日
星期　四

2025

雪后初霁

| 乙巳年 | **12** | 12月12日 |
| 十月廿三 | December | 星　期　五 |

2025

灵隐早课

乙巳年
十月廿四

13
December

12月13日
星　期　六

初冬时分，花港观鱼的秋意迟迟不愿离去

乙巳年
十月廿五

14
December

12月14日
星　期　日

日出城隍阁

乙巳年
十月廿六

15
December

12月15日
星　期　一

2025

梅香游船

乙巳年
十月廿七

16
December

12月16日
星　期　二

2025

曲院风荷初雪

乙巳年　　　　　　**17**　　　　12月17日
十月廿八　　　　December　　　星　期　三

2025

景行素装

乙巳年
十月廿九

18
December

12月18日
星期四

湖上冬日

乙巳年
十月三十

19
December

12月19日
星　期　五

2025

树木向上生长，期盼春日的到来

乙巳年
十一月初一

20
December

12月20日
星　期　六

2025

冬至

Winter Solstice

乙巳年
十一月初二

21
December

12月21日
星期日

雪落雾升

乙巳年
十一月初三

22
December

12月22日
星 期 一

2025

北山路旁的一池残藕

乙巳年
十一月初四

23
December

12月23日
星期二

白堤之叶

乙巳年
十一月初五

24
December

12月24日
星期三

2025

高丽寺前,枫林掩映

乙巳年
十一月初六

25
December

12月25日
星期四

2025

冬日茅家埠

乙巳年
十一月初七

26
December

12月26日
星期五

薄雪之晨

乙巳年
十一月初八

27
December

12月27日
星期六

浴鹄湾清雪

乙巳年
十一月初九

28
December

12月28日
星期日

日出青山

乙巳年
十一月初十

29
December

12月29日
星期一

2025

叶落起涟漪

乙巳年
十一月十一

30
December

12月30日
星期二

2025

雾锁湖桥

乙巳年
十一月十二

31
December

12月31日
星期　三

后记

自从一千多年前苏东坡把西湖拟人化为西施以后,西湖便不再只是一个单纯的自然湖泊了,人们常常会从欣赏美人的角度去品评西湖。

春风怡然的时候,桃花绽苞,柳丝吐绿,便是她羞涩含情的浅笑。夏荷平铺出一湖翠绿,便是美人妖娆的绿裙舞动的热情。秋天是西湖最有魅力的季节,岸上的树叶红黄杂陈,一般的恣肆灿烂,如同少妇,一抬手一举足之间都会漫溢出成熟的风韵。冬天的西湖是宁静、内敛的,那美丽是静悄悄地透逸出来的,一点一点的;那魅力被白雪覆盖了,懂得欣赏的眼睛才是那一缕能够融化冰雪的温暖阳光,如灵犀一闪,纵然是沧桑,也变成一泓深幽的静美。

西湖之美不亚于西子的一颦一笑,引得文人墨客痴痴前来,踱步之间,仿佛轻捻岸边的柳条,浅浅一蘸眼前的湖水,满腔诗情便随之吟咏而出,随着清风,久久回荡于湖边。"水光潋滟晴方好"的晴湖,"白雨跳珠乱入船"的雨湖,"月点波心一颗珠"的月湖,"湖上影子,惟长堤一痕、湖心亭一点,与余舟一芥、舟中人两三粒而已"的雪湖……西湖就此超脱了物理意义,幻化为一个审美之湖、文化之湖。

1984年,浙江摄影出版社在西湖边诞生。在好长一段时期里,我们与那明媚的湖光和满湖的诗意,只隔着一条二三十米长的马路。于是,上班便成为一件幸福的事情。趴在案头的时间久了,就抬起头,目光越过一片翠绿的梧桐树梢,便是那一泓温柔的涟漪,一身的疲惫可于顷刻间化为乌有。午休时光,约上三两同好,漫步于湖堤绿岸,或登上宝石山作全景式的概览,消遣之余,思维的火花碰撞出一个个图书选题。湖光山色，阴晴明晦，哪儿的迎春花开得最热烈，哪一株桃花开得最早，哪一片柳叶最先舞弄春天的新绿，哪一朵荷花悄悄引领初夏的清香……西湖的些许变化，我们可以说是最先见证且体味到的。

40年，于西湖，或许只是又一段千年历史中的悄然一瞬；于一家出版社，是几代人的坚守、接续与起航；于人的一生，是一段难以忘怀的青春往昔。时光荏苒，当年社里年轻的姑娘小伙们如今是新手编辑敬仰的前辈，他们或许已成为一个个流传着的编辑故事中"曾闻其名，未见其人"的神秘主人公，但他们的名字永久地留在一本本好书的版权页，他们的劳动果实与新人的赤诚情怀一起融为出版社最宝贵的财富。本书末尾所附的精品书单，正是几代编辑薪火相传、追求卓越的见证。

摄影是时光的留影术。在浙江摄影出版社成立40周年之际，我们策划了这本《西湖历》，所有的照片均由社内员工拍摄。当我们重返湖畔葛岭路1号的建社旧址，相机的快门声惊起鸟儿扑簌，落地的脚步声激起鱼儿游弋，荡起的圈圈涟漪搅动了平静的心湖，也拨动了旧时记忆的留声机。

因为本书，我们常常聚在一起讨论，精挑细选书中的西湖之景，时有纠结，偶有争执，照片的大小位置、前后顺序，文字的字体字号、颜色区分，都几经调整。如此"吹毛求疵"，不只是想将此作为我们的珍藏纪念，更是希望将我们窗前的四季西湖之色移至你的案前，于万千纷扰中觅得一方灵魂的栖身之所。

编者

2024年8月

摄影（摄影社全体员工）

卞际平	巢倩慧	陈　一	陈　云
陈　蕾	陈璐璐	陈西泠	陈羽梵
陈赞羽	陈震宇	程　禾	戴望婕
董舒文	方　芗	方　妍	方天成
高余朵	高卓佳	胡展翼	华明静
金慕颜	景迪云	李　爽	李含雨
李诗佳	林青松	刘　波	刘西竹
鲁嘉颖	路　通	潘洁清	彭　荁
秦逸云	邱建国	裘禾峰	瞿昌林
沈佳悦	盛　洁	施慧婕	唐念慈
汪立峰	王　莉	王　巍	王晨子
王君美	王梁裕子	王秋实	王旭霞
王燕萍	吴嘉莉	项　宁	谢晓天
徐　爽	徐　伟	许智超	薛蔚琛
姚　璞	姚成丽	余　谦	於　宇
袁升宁	乐文蔚	张　磊	张培东
张笑语	章克强	赵　昕	朱丽莎
郑幼幼	周　琪	周　颖	
朱羽弘			

光 / 影 / 百 / 年

革命与复兴：中国共产党百年图像志	《革命与复兴》编写组
历程：徐肖冰、侯波镜头下的峥嵘岁月	徐肖冰、侯波
中国百年影像档案：1909 京张铁路	詹天佑、谭景棠、孙健三
"中国百年影像档案：孙明经纪实摄影研究"丛书	孙明经、孙健三
铭记历史 珍爱和平：和平万里行影像纪实	中国新闻摄影学会、中国企业家摄影学会
中国百年影像档案：早期大运河影像（1859—1949）	杭州市档案馆

摄 / 影 / 名 / 家 / 画 / 册

中国现代摄影大系：郎静山	郎静山基金会
中国现代摄影大系：吴印咸	朱炯
中国现代摄影大系：张印泉	张国灵
中国现代摄影大系：金石声	金华
中国现代摄影大系：丁悚	王欣
中国现代摄影大系：刘抗	葛月赞
中国现代摄影大系：骆伯年	金酉鸣
中国摄影家典藏：那么西湖（十周年版）	傅拥军
中国摄影家典藏：场景	姜健
中国摄影家典藏：主人	姜健
中国摄影家典藏：毋墟	丘
中国摄影家典藏：纽黑文的寻常一夜	陈荣辉
中国摄影家典藏：父亲的村庄	孙京涛
中国摄影家典藏：草尾	蒋鹏奕
中国摄影家典藏：毛家工业园	宁舟浩
中国摄影家典藏：轮回	李刚
"中国当代摄影图录"丛书	刘铮
尤金·阿杰	约翰·萨考夫斯基
沃克·埃文斯：美国影像	沃克·埃文斯
瞬时永恒：尤素福·卡什经典人像作品集	尤素福·卡什

多萝西娅·兰格：摄影生涯与传世佳作	伊丽莎白·帕特里奇
艰难岁月：爱德华·斯泰肯眼中的美国农业安全局影像	弗朗索瓦丝·普斯
罗伯特·杜瓦诺：传世佳作500	罗伯特·杜瓦诺
安塞尔·亚当斯：传世佳作400	安德里亚·G.斯蒂尔曼
安塞尔·亚当斯：传世佳作的诞生	安德里亚·G.斯蒂尔曼
庆典：威廉·克莱因	成都当代影像馆
美国表象	斯蒂芬·肖尔
最后的度假胜地	马丁·帕尔
伊娃·鲁宾斯坦摄影作品	伊娃·鲁宾斯坦
艾略特·厄威特：个人精选	艾略特·厄威特
"做写真"的植田正治	三影堂摄影艺术中心
无题电影剧照（完整版）	辛迪·舍曼
文明：当代生活启示录	威廉·A.尤因、容思玉
罗杰·拜伦：荒诞剧场	中央美术学院美术馆
徘徊久：具本昌摄影（1990—2021）	三影堂摄影艺术中心
"阮义忠经典摄影集"丛书	阮义忠
人在高处：薛华克彩色经典人像	薛华克
人在高处：薛华克黑白经典人像	薛华克
刘立宏：风物一城	刘立宏
相与抽象	李刚
可能的往事	彭杨军
佛的足迹：张望摄影作品集	张望
一个人的西湖	邵大浪
中国最美的地方	谭明
美国《国家地理》125年封面故事	马克·柯林斯·詹金斯
非洲的面孔：美国国家地理摄影师镜头下的非洲	卡罗尔·贝克维斯、安吉拉·费歇尔
摄影传奇：美国国家地理学会经典照片集	莉亚·宾达威-瓦
惊世佳作：美国国家地理学会125年摄影精华	安妮·格里菲思
天堂印象：美国国家地理摄影师眼中最美的地方	美国国家地理协会
"美国国家地理摄影大师"丛书	乔尔·萨尔托雷等

"感光度" / 摄 / 影 / 理 / 论

旁观者：街头摄影的历史	柯林·韦斯特贝克、乔尔·迈耶罗维兹
多萝西娅·兰格传	琳达·戈登
罗伯特·弗兰克的《美国人》：纪实摄影的艺术	乔纳森·戴
中国当代摄影视野丛书：摄影再现与重构	邵文欢
中国当代摄影视野丛书：追逐图像的人	海杰
中国当代摄影视野丛书：惊鸿照影——中国当代摄影撷英录	颜长江
中国当代摄影视野丛书：照片的"罗生门"	邢千里
中国当代摄影视野丛书：从"观看"到"观念"——摄影，最终是解决自己的问题	李楠
中国当代摄影视野丛书：当代摄影文化地图	顾铮
"摄影丛谈"书系：摄影启示录	储楚
"摄影丛谈"书系：在场——亲历11个重要美术馆摄影展	傅尔得
"摄影丛谈"书系：对话——21位重塑当代摄影的艺术家	傅尔得
"摄影丛谈"书系：摄影类事	洪磊
"摄影丛谈"书系：缺席的照片——关于那些没拍下的瞬间	威尔·斯泰西
摄影哲学的起源：塔尔博特与《自然之笔》	门晓燕
日本摄影书101	顾铮
摄影观察丛书	林路
浙江当代摄影艺术	辛宏安
凝视的训练：肖像摄影	罗斯威尔·安吉尔
视角的选择：风景摄影	J.A.P. 亚历山大
作为当代艺术的照片（第三版）	夏洛特·科顿
摄影简史	伊安·杰弗里
摄影：从文献到当代艺术	安德列·胡耶
肌理之下：一个人探寻台湾摄影	傅尔得
影像的传奇：经典摄影100年	鲁埃尔·戈尔登
目击的力量：新闻摄影150年	鲁埃尔·戈尔登
摄影与表达：当代摄影实践与理论	钟建明、山姆·王、应爱萍
碳素印相工艺	桑迪·肯、约翰·洛克哈特

经典手工影像	钟建明等
怎样阅读照片：理解、阐释、欣赏杰出摄影家的经典作品	伊安·杰弗里
阅读摄影：郭力昕摄影批评	郭力昕
可能：TOP20 中国当代摄影新锐访谈录	浙江省摄影家协会
影响：中国当代摄影精神交往录	李楠
摄影的真谛：影像表达与摄影师的角色	保罗·希尔
摄影的智慧：当代摄影大师眼中的摄影艺术	刘易斯·布莱克威尔
百年彩色摄影	帕梅拉·罗伯茨
摄影的精神：摄影如何改变了我们的生活	格里·巴杰
摄影 100 关键词	戴维·克拉克
摄影大师：我们时代的经典摄影艺术家	鲁埃尔·戈尔登
出龛入龛：当代美国摄影艺术家访谈录	徐婷婷
摄影观念丛书：这儿的天空	王川
摄影观念丛书：图像的游戏方式	矫健、唐慧敏
摄影观念丛书：独特的视界	马良
摄影观念丛书：观念的街头	顾铮
世界摄影大师传记丛书：拉兹洛·莫霍利－纳吉	路易斯·卡普兰
世界摄影大师传记丛书：欧文·布鲁门菲尔德	欧文·布鲁门菲尔德
世界摄影大师传记丛书：比尔·布兰特	保罗·德兰尼
世界摄影大师传记丛书：爱德华·斯泰肯	佩内洛普·尼文
世界摄影大师传记丛书：优素福·卡什	玛丽亚·蒂皮特
世界摄影大师传记丛书：亨利·卡蒂埃－布勒松	皮埃尔·阿苏利纳
世界摄影大师传记丛书：沃克·埃文斯	贝琳达·拉思伯恩
世界摄影大师传记丛书：安塞尔·亚当斯	玛丽·斯特里特·阿林德

摄 / 影 / 技 / 法 / 与 / 教 / 材

摄影入门基础教程	映像绘
手机摄影：从基础到后期	李华春
北京电影学院摄影专业系列教材（新版）：摄影作品分析	唐东平
北京电影学院摄影专业系列教材（新版）：世界摄影史	顾铮

北京电影学院摄影专业系列教材（新版）：人像摄影	宿志刚
北京电影学院摄影专业系列教材（新版）：影视短片创作	宋靖
北京电影学院摄影专业系列教材（新版）：大画幅摄影	冯建国
北京电影学院摄影专业系列教材（新版）：黑白摄影	冯建国
北京电影学院摄影专业系列教材（新版）：摄影曝光	屠明非
北京电影学院摄影专业系列教材（新版）：时尚摄影	曹颋
北京电影学院摄影专业系列教材（新版）：摄影画面语言	唐东平
北京电影学院摄影专业系列教材（新版）：摄影光学与镜头	钱元凯
北京电影学院摄影专业系列教材（新版）：摄影构图	唐东平
普通高校摄影专业系列教材：纪实摄影	杨健
普通高校摄影专业系列教材：影像摄制基础	虞思聪
普通高校摄影专业系列教材：中国摄影简史	邢千里
普通高校摄影专业系列教材：摄影基础教程	胡晓阳
普通高校摄影专业系列教材：当代摄影家研究	顾铮
普通高校摄影专业系列教材：数字图像处理与呈现	刘伟
普通高校摄影专业系列教材：建筑与环境摄影	石战杰
普通高校摄影专业系列教材：数码影像后期编辑	曾立新、张昕、张蓓蕾
普通高校摄影专业系列教材：当代摄影	林路
普通高校摄影专业系列教材：摄影实验教程	矫健
北京电影学院视听传媒专业系列教材：视听新媒体语言艺术	孙宇龙
北京电影学院视听传媒专业系列教材：新媒体表演艺术	安欣
北京电影学院视听传媒专业系列教材：综艺节目制作基础	曹畅
北京电影学院视听传媒专业系列教材：播音主持艺术	王秋硕
北京电影学院视听传媒专业系列教材：视听新媒体受众研究	谢辛
北京电影学院视听传媒专业系列教材：视听新媒体剪辑基础	张京
北京电影学院视听传媒专业系列教材：影像造型和画面语言	梁小昆
北京电影学院视听传媒专业系列教材：新媒体短片剧本创作	赵丹
摄影基础教程	杨建飞
看不见的闪光灯：摄影大师的用光秘诀	格尔德·路德维希
跟大师学摄影：100位摄影大师的创意及技术	保罗·洛

摄影师的画板：如何创作有个人风格的照片	布莱恩·马蒂亚什
摄影，手机就够了！	柴晋宁
摄影的创作：如何拍出有想法的照片	迈克·西蒙斯
街头摄影手册：摄影大师都曾练过的20堂必修课	戴维·吉布森
光彩照人：自然光人像摄影的艺术	伊丽莎白·梅西纳
视觉艺术用光：在艺术与设计中理解与运用光线	理查德·约特
"摄影的灵感"丛书	1x.com
光线第一：风光摄影的黄金法则	乔·科尼什
风光的超越：摄影的审美探索	戴维·沃德
风光的精要：光线的捕捉与雕刻	乔·科尼什、查理·韦特、戴维·沃德
风光的内在：摄影师的洞察力与灵感	戴维·沃德
风光的境界：拓展视域与风格	乔·科尼什、查理·韦特、戴维·沃德
世界顶级摄影大师巅峰作品诞生记：时尚与广告	玛格德琳·基尼
世界顶级摄影大师巅峰作品诞生记：体育与动态	安迪·斯蒂尔
世界顶级摄影大师巅峰作品诞生记：人体	安东尼·拉萨拉
世界顶级摄影大师巅峰作品诞生记：摄影报道	安迪·斯蒂尔
世界顶级摄影大师巅峰作品诞生记：风光	泰里·霍普
世界顶级摄影大师巅峰作品诞生记：人像	弗格斯·格里尔

中 / 国 / 美 / 术 / 史 / 大 / 家

故宫藏四任绘画全集	故宫博物院
董其昌书画全集	故宫博物院
颜真卿书法全集（珍藏版）	朱关田
赵孟𫖯书画全集	任道斌
中国历代书画名家精品大系：黄宾虹书画精品集	赵幼强
中国历代书画名家精品大系：潘天寿书画精品集	卢炘
中国历代书画名家精品大系：任伯年绘画精品集	吴永良
中国历代书画名家精品大系：沈周绘画精品集	陈向迅
中国历代书画名家精品大系：八大山人绘画精品集	朱良志
中国历代书画名家精品大系：徐渭绘画精品集	吴山明

中国历代书画名家精品大系：齐白石绘画精品集	浙江省博物馆
中国历代书画名家精品大系：赵孟頫书画精品集	任道斌
中国历代书画名家精品大系：蒲华书画精品集	嘉兴博物馆
中国历代书画名家精品大系：吴昌硕绘画精品集	杨建新、张毅清

中 / 国 / 建 / 筑

陈明达全集	陈明达
营造文库：中国古代木结构建筑技术	陈明达、殷力欣
营造文库：应县木塔	陈明达、殷力欣
营造文库：蓟县独乐寺	陈明达、殷力欣、丁垚等
营造文库：蠖园文存	朱启钤
营造文库：营造法式（陈明达点注本）	李诫
营造文库：石印宋李明仲营造法式	李诫
行者图语	李兴钢
胜景几何论稿	李兴钢
李兴钢 2001—2020	李兴钢

文 / 博 / 和 / 考 / 古

一醒惊天下：三星堆古蜀文明	周新华
唤醒沉睡的南宋	杜正贤
大宋穿越指南：临安十二时辰	冯晓雪
书架上的博物馆：博物馆里的生僻字	刘佳君
书架上的博物馆：藏在清明上河图中的秘密	杜恩龙
书架上的博物馆：铜镜里的动物	张一晗
书架上的博物馆：古钱币上的汉字	张一晗
书架上的博物馆：三星堆之谜	周新华

选题策划：林青松
责任编辑：唐念慈　朱丽莎　赵培东
装帧设计：巢倩慧
责任校对：高余朵
责任印制：汪立峰　陈震宇

图书在版编目（CIP）数据

西湖历 /《西湖历》编委会编. -- 杭州：浙江摄影出版社，2024. 8. -- ISBN 978-7-5514-5014-0
Ⅰ. K928.43-64
中国国家版本馆CIP数据核字第2024FV0138号

XIHU LI
西湖历
《西湖历》编委会　编

全国百佳图书出版单位
浙江摄影出版社出版发行
　　　　地址：杭州市环城北路177号
　　　　邮编：310005
　　　　电话：0571-85151082
　　　　网址：www.photo.zjcb.com
制版：浙江新华图文制作有限公司
印刷：杭州捷派印务有限公司
开本：889mm×1194mm　1/32
印张：24
2024年8月第1版　2024年8月第1次印刷
ISBN 978-7-5514-5014-0
定价：138.00元